ERNEST ZYROMSKI

EUGÉNIE DE GUÉRIN

= LIBRAIRIE ARMAND COLIN =

103, Boulevard Saint-Michel — PARIS

EUGÉNIE DE GUÉRIN

Librairie Armand Colin

ERNEST ZYROMSKI

Lamartine, poète lyrique. Un volume (Epuisé.)

L'Orgueil humain. Un volume in-18, broché.

Sully Prudhomme. Un volume in-18, broché.

Eugénie de Guérin. Un volume in-18, broché.

Maurice de Guérin. Un volume in-18, broché.

ERNEST ZYROMSKI
Professeur à l'Université d'Aix-Marseille
Correspondant de l'Institut

EUGÉNIE DE GUÉRIN

LIBRAIRIE ARMAND COLIN
103, Boulevard Saint-Michel, PARIS

1921

A MON AMI ALFRED RÉBELLIAU

C'est pour moi une joie et un honneur de placer ici votre nom, car vous m'avez fait connaître toutes les délicatesses de la parfaite amitié.

Ce livre est la peinture d'une âme claire et grande qui unit la bonté à la force et la simplicité à la profondeur. Dans ce cœur qui paraît si calme, on surprend un pathétique contenu par le goût du silence ; et, dans cette âme d'harmonie et de lumière, on entend, dans un murmure de désolation, tous les émois de la détresse.

Devant tant de tragique apaisé par tant de douceur, un sentiment se lève en nous avec une puissance de réconfort incomparable, puisqu'il mêle le charme à l'étonnement et achève l'admiration dans la tendresse.

Ainsi l'œuvre d'Eugénie est particulièrement bienfaisante, et le livre que cette œuvre inspira doit être offert à sa mémoire avec l'émotion d'un remerciement.

Puissiez-vous trouver dans la lecture de ces

pages le bienfait que j'ai senti en les méditant : elles ne visent qu'à consoler la douleur de ceux qui souffrent en montrant dans une belle âme cette vertu d'ascension qui mène la souffrance à la sérénité.

E. Z.

CHAPITRE PREMIER

LES FAITS RÉVÉLATEURS DE SOURCES

LES FAITS RÉVÉLATEURS DE SOURCES

Eugénie de Guérin — née en 1805 au château du Cayla, près d'Albi, et morte en 1848 — mérite, par la qualité de son âme et la richesse de vibration de son cœur douloureux, d'être étudiée avec la minutie et l'ardeur que commande l'œuvre des Maîtres.

Son *Journal* et sa *Correspondance* vont déployer devant nous, avec le charme des effusions confidentielles, une vie morale d'une fraîcheur et d'une intensité surprenantes.

Pour expliquer cette noblesse et comprendre ces miracles, il faut connaître les sources qui alimentent ces énergies intérieures. Car les sources sont les puissances de vie qui émanent des régions profondes : là elles coulent dans le mystère et accomplissent un travail secret, mais elles se déclarent dans la manifestation répétée de certains faits primordiaux.

Comme l'herbe de la prairie et les arbres de la montagne montrent, aux rayons du soleil, la fécondité des germes souterrains et des ondes mystérieuses, ainsi ces faits essentiels signalent, dans l'éclat de la vie, les forces centrales et créatrices. On peut donc les nommer les faits révélateurs de sources.

Les autres faits sont négligeables, comme le bavardage de la curiosité inutile. Désencombrons notre mémoire de l'amas des notations superflues. Le savoir qui ne se construit pas en pensées est fastidieux et stérile. En s'attachant au contraire à ces faits révélateurs qui recouvrent un secret de la vie, l'esprit trouve les motifs d'une méditation efficace, puisqu'il assiste à l'ordre grandissant des richesses cachées, à l'architecture d'une belle vie, à l'éclosion d'une âme qui va s'épanouir dans l'harmonie et dans la grandeur.

La beauté morale d'Eugénie de Guérin sera expliquée par la mise en lumière de ces forces génératrices : sa puissance infinie de souffrir, son besoin inépuisable d'aimer, la vivacité poétique de son admiration de la nature, l'effusion mystique de son sentiment du divin, le jaillissement du courant génial. Ainsi se forme peu à peu le lieu des ardeurs secrètes, la région sacrée des sources, l'asile où brûlent les plus hauts désirs, le paysage intérieur dont les plans sont tour à tour mystérieux et illuminés ; car l'âme trouve d'abord, dans la paix du silence et la solennité de l'ombre, le recueillement qui protège l'organisation de la force, et elle répand ensuite, aux heures claires où les sources chantent, les énergies de l'épanouissement et les dons du génie créateur.

***

La puissance infinie de souffrir révèle une sensibilité d'une tendresse profonde.

Les âmes les plus hautes semblent vouées au chagrin. Autour d'elles et en elles, tout les dispose à la souffrance, et le malheur survient, comme un compagnon inévitable. Dans ce groupe pathétique, Eugénie apparaît avec un mélange singulier de simplicité et de grandeur.

Quand on considère sa vie traversée de joies si brèves et soumise à une si longue infortune, on est frappé d'abord par cette capacité de souffrance manifestée par la dignité de la plainte et la beauté de la résignation. Et devant nous surgit une âme mélancolique et noble, qui subit sans cesse les assauts de la déception et maintient, malgré les larmes secrètes, la force invincible de la douceur.

Cette alliance du malheur et de la sérénité, de la souffrance et de l'espérance, de la défaite apparente et de la réelle grandeur, voilà le fait primordial qui permet de grouper les événements importants de sa vie en définissant sa qualité d'âme.

Cette âme si tendre n'a pas joui longtemps des tendresses d'une mère. A douze ans, dès l'âge où l'on est capable de mesurer les ravages de la mort, Eugénie perdit celle qui avait bercé son enfance. Donc elle grandit, avec ce regard anxieux de l'orpheline qui s'étonne, dans la tristesse de la maison en deuil, parmi les souvenirs toujours renaissants qui font la douleur inconsolée.

Or cette enfant délicate et enveloppée de chagrin appartenait à une famille d'aristocrates ruinés. Elle connut vite les combats silencieux du calme et de la gêne, — de cette gêne qui doit sourire et faire les gestes de l'abondance. Cette contrainte et ce repliement, que la douceur maternelle ne consola pas, ont assombri l'enfance de l'orpheline. Car il fallut vivre dans l'ombre et demeurer dans la solitude : la solitude est le suprême rempart de la dignité qui n'abdique pas. Rarement le Cayla était la maison parée de bonheur pour l'affection heureuse. Le plus souvent le château lointain ressemblait à ces demeures farouches et un peu consternées sur qui plane le souvenir des anciennes magnificences. Certes Eugénie ne se plaint jamais : elle est trop simple pour réveiller l'écho des jouissances mondaines, et trop fière pour aspirer aux apparences de la vanité victorieuse. Pourtant l'inévitable sentiment du déclin, qui apporte sa quotidienne meurtrissure, imprime à la jeunesse de cette enfant une mélancolie émouvante.

Cette mélancolie, que son courage aurait dominée, était renouvelée sans cesse par une douleur intolérable. Car le souci permanent des exigences matérielles nécessita ce malheur : l'éloignement de Maurice vers les cités redoutables où la misère est vaincue dans la lutte des ambitions. Pour cette âme forte et haute, la gêne était supportable et se faisait même ingénieuse pour multiplier les dons délicatement répandus ; mais le départ du frère vers le tumulte et vers la bataille apportait l'insoutenable chagrin. Toujours la pensée obsédante de l'enfant menacé répandra autour d'elle l'agitation et l'effroi des fantômes.

Au fond de son vallon, que ne réjouit plus l'écho de la joie fraternelle, la jeune fille en deuil a connu les formes les plus tragiques de l'infortune : le silence que laisse la mort, ce silence des voix qui furent les plus chères, — la mélancolie prolongée des destinées qui s'éteignent, — le déchirement des nécessaires séparations. L'image obstinée de la Mort se déploie sur la vie monotone et la solitude désespérée de la demeure lointaine.

Toujours, jusqu'à la fin, les joies brèves de sa vie furent traversées par de longs chagrins. Elle crut quelque temps que Maurice, dérobé à la maladie et à l'incertitude, trouverait dans la paix du mariage la douceur des épanouissements. Un cahier du *Journal*, longtemps inédit et publié récemment par M. de Colleville, nous apprenait que son espoir fut déçu et que Maurice ne fut pas heureux. Donc, quand le frère mourut après avoir fait briller, avec le tragique de l'éphémère, tant de grandeur et tant d'infortune, la sœur demeura sous l'obsession permanente de cette âme si grande et si triste ; et, de plus en plus solitaire, elle médita sa prière et son imploration devant l'image toujours caressée. Pourtant, avec les suprêmes ardeurs de l'affection qui veut retenir son objet, elle s'attacha à la magie du souvenir. Dans le cœur de ceux qui survivaient, elle voulut retrouver un peu de l'âme défunte. Avec l'effusion de la confiance, elle se porta vers Barbey d'Aurevilly que Maurice avait tant aimé. Elle pensa que l'amitié de l'ami prolongerait les joies de l'affection fraternelle. Duperie émouvante, comme l'a montré M. Seillière, et vite arrêtée! Car son âme si simple ne pouvait pas être comprise par cet esprit brillant et léger qui dirigeait mal une âme flottante. Ce conflit de la naïveté et de la complication, de la loyauté qui se donne et de la subtilité qui se prête et se dérobe lui apporta une dernière souffrance que sa sublime candeur avait encore écartée : l'agonie lente de la confiance dans les chocs répétés de la désillusion.

Alors, vaincue et désemparée, elle reprit son dialogue avec le Mort, et elle accueillit avec une simplicité indomptable toutes les tristesses et toutes les grandeurs de la Solitude. Son cœur se resserra, mais sa pensée capable de puissance se dilata dans la méditation et dans la prière ; et son âme, qui domina l'amertume, acheva de s'épanouir sous l'action bienfaisante de la douleur purificatrice.

Car, devant la tristesse de son destin et les déceptions des hommes, Eugénie apportait une sensibilité généreuse et toujours ouverte aux retentissements du malheur. Sa tendresse infinie se montrait ingénieuse en délicatesses. D'ordinaire la pitié humaine, dans sa bonté médiocre, se répand en des gestes faciles et s'abandonne volontiers à la commisération pour écarter le visage désobligeant de la plainte. Indulgence rapide et sympathie passagère et bientôt épuisée ! Mais dans l'âme d'Eugénie et de ceux qui offrent au monde une sensibilité secrète et retentissante, les souffrances de l'humanité et de la nature soulèvent une infinie résonance d'endolorissement et de meurtrissure. Ces sensibilités, qui semblent mesurées et qui connaissent tous les tumultes, ont des expansions soudaines vers la miséricorde qui amplifient avec une générosité triomphale le royaume de la tendresse, de même que le génie a de merveilleux bondissements vers la beauté qui élève les images de la nature et les pare de magnificence. Donc la vie d'un village perdu dans la montagne déploiera, dans le cœur de cette solitaire, toutes les amertumes des misères humaines, et le déroulement d'une existence monotone fera lever devant nous toutes les formes du pathétique. Cet épanouissement de la bonté créatrice est un privilège souverain et redoutable : souverain parce qu'il manifeste la présence d'un Dieu ; — redoutable parce qu'il s'achète par de grandes souffrances. Tout se paye, même la noblesse morale.

Ainsi, après avoir observé l'acharnement du malheur sur une âme compatissante, nous aurons à contempler les effets du malheur sur cette âme capable de le dominer. Le chagrin apporte sa blessure : mais il tombe sur un cœur qui connaît la puissance de la résignation. La souffrance pénètre, subtile et lourde, sur ce cœur dévasté, mais ce cœur se redresse parce qu'il aspire à la force. Et la force se mesure, non seulement au courage de l'acceptation, mais à cette ferveur aux ailes de feu qui entraîne aux sommets de la joie dans un élan de victoire.

Devant les coups répétés de la douleur, Eugénie trouvera en elle des énergies quelquefois étonnées et toujours intactes : son ardeur d'idéalisme, sa volonté d'espérance, sa puissance de rayonnement. Elle souffre sans cesse et semble souvent abattue, mais toujours elle s'arrache à la fatigue pour faire monter sa souffrance vers le réconfort de la sérénité. Sa vie morale sera le conflit permanent de son infortune et de sa noblesse d'âme, et le *Journal* traduira le duo de ces voix qui chantent au fond d'elle : la voix du malheur qui l'accable et la voix de l'énergie qui entonne dans la détresse le chant de la délivrance.

Cette puissance de souffrir est la source intarissable où s'alimenta la vie morale d'Eugénie de Guérin.

***

Or cette puissance de souffrir, qui la désigne à l'infortune et à la grandeur, était liée au besoin d'aimer qui va répandre sur cette âme profonde la beauté du sacrifice quotidien.

Ce besoin d'aimer, qui multiplie ses formes pour s'adapter à toutes les souffrances, se révèlera dans la *Correspondance*, où le cœur d'Eugénie se donne avec une grâce incomparable et compose, sans le savoir, le chef-d'œuvre de l'amitié. Mais il éclatera surtout dans le *Journal* où la tendresse de la sœur inquiète s'élance vers la tristesse du frère absent, — où l'âme de la sœur meurtrie exhale ses gémissements et ses prières devant l'ombre du frère défunt.

Le *Journal*, c'est le « reliquaire » d'où monte et brille vers la miséricorde de Dieu l'ardeur toujours brûlante de cette tendresse fraternelle. C'est pourquoi, avant d'étudier ce livre où cette âme se lamente, il conviendra de dresser l'image de celui qui l'a inspiré.

Après la puissance inspiratrice de la souffrance et de l'amour fraternel, il faut signaler l'amitié passionnée d'Eugénie pour sa terre natale, où Maurice déploya son délire, — où la joie de Maurice enfant se mêla aux joies de la sœur aimante et ravie, — où l'image de Maurice perdu tourmenta le repos de la sœur inconsolée. C'est pourquoi, dans les confidences du *Journal*, ce paysage sourit et pleure comme un compagnon qui accueille le bonheur et la plainte d'une solitude enivrée ou mélancolique.

Eugénie ne peut pas être détachée de son vallon, de ses bois et de ses prairies. Elle comprend le silence de sa forêt et elle entend le murmure de ses fontaines. Le *Journal*, c'est le paysage natal qui a trouvé son interprète et qui raconte l'anxiété de ses hivers, l'éclat de ses printemps et le trouble de ses automnes. Car le paysage est un poème qui se déroule dans l'allégresse ou dans l'amertume, avec les mouvements gracieux ou lugubres de la vie et de la mort. Les personnages de ce poème sont le soleil et les étoiles, les bois dépouillés et les frondaisons magnifiques, l'ombre farouche et la lumière heureuse, la prairie qui écoute le chant de l'oiseau et la fontaine qui prolonge le chant de la source. Tous ces compagnons de sa vie solitaire revivent dans le *Journal* avec leurs harmonies et leurs menaces. Parmi ces forces naturelles, attirantes ou redoutables, elle surgit devant nous, comme une fleur vivante caressée par le soleil ou accablée sous l'orage. Elle leur parle et elle les remercie. Elle se pare de leur éclat ou elle s'enveloppe de leur tristesse. C'est pourquoi la vie d'Eugénie ne doit pas être séparée de la vie de son Cayla.

La vie de la nature paraît muette et inabordable aux esprits rudes et aux sensibilités mortes. Mais qu'une âme de poète s'y déploie, et ce paysage s'agite et chante. Le *Journal* d'Eugénie sera la voix chantante de son vallon.

***

Un autre fait, plus révélateur des sources profondes, est le sens du divin qui donne à cette vie monotone une fraîcheur toujours renouvelée et une puissance de rebondissement incomparable.

Eugénie vit en union avec Dieu. L'amour de Dieu la soulève vers la pureté et vers la lumière. La présence de Dieu féconde sa solitude et l'anime sans cesse de manifestations émouvantes. Dans le calme de ce désert que menace la tristesse, Dieu est invoqué et Dieu apparaît soudain dans la beauté des émotions qu'amène sa présence. Alors tout s'élève dans cette âme apaisée, parce que tout s'enveloppe de beauté religieuse et de force divine.

Quand le soleil répand ses rayons sur la nature assombrie par l'orage, il apporte la paix de la clarté et la parure de la magnificence. Ainsi sur la vie du lointain vallon qui semble souvent morose et ensevelissante, la vision de Dieu jette l'éclat de ses irradiations divines. Certes les amertumes ne sont pas toujours écartées. Souvent elles plient cette âme si tendre et vite ouverte au chagrin. Mais toujours la pensée de Dieu dissipe ces nuages, et la sérénité rentre dans cette âme que le divin surélève.

Dans cette âme de choix le sentiment du divin, toujours souhaité et toujours vainqueur, se mêle à sa tendresse pour le Cayla. La présence de Dieu sur cette terre tant aimée ajoute à son charme et lui apporte la grandeur. Une poésie sublime illumine le paysage, et Eugénie jouit, en poète, du soleil et des étoiles et des harmonies qui chantent dans la vallée. Devant ces beautés toujours fraîches, elle est souvent dans l'état de contemplation, car son regard suit l'élan de ses prières, et le charme de la nature et l'amour de Dieu sont associés et indiscernables dans ce cœur qui voit dans la beauté du monde le triomphe de la bonté divine.

L'âme d'Eugénie, c'est le cœur même du Cayla s'offrant à Dieu, comme un hommage, dans une perpétuelle effusion de gratitude et d'adoration.

*
* *

Enfin — car il convient toujours d'arriver à cette affirmation nécessaire, — la source essentielle de ce génie est son génie même : cette force indomptable qui brille dans l'ombre la plus écartée, — cette voix intérieure qui chante dans les ténèbres de la nuit, — cette lumière qui rayonne de cette âme que l'infini visite, — ce don de puissance créatrice qui fera revivre dans le *Journal* sa vie intérieure, étincelante et secrète.

Eugénie apportait au monde cette source de poésie : son âme même. Au fond d'elle, une force fraîche et spontanée vit dans l'attente ou se déploie soudain dans la floraison. Quand cette âme s'ouvre, elle répand ses grâces, ses harmonies, ses effusions tendres ; et les paroles accourent pour traduire la fraîcheur de cette pureté et de cette tendresse.

Cette source de poésie est alimentée par la présence permanente de ses sentiments essentiels : sa puissance infinie de souffrir, son besoin inépuisable d'aimer, sa passion pour Maurice, l'admiration de son Cayla, l'amour de son Dieu. C'est pourquoi les forces destructives de la vie, qui épuisent nos énergies les meilleures, sont sans prise sur cette âme qui nourrit en elle une richesse intangible. Au contraire elles l'approfondissent et la chargent de surabondance. Car cette âme toujours capable de rebondissement peut accueillir la force régénératrice de la douleur. Les inquiétudes et les tourments d'un cœur alarmé, les lents et profonds mouvements de tristesse qui recouvrent d'un voile funèbre les charmes de la nature, cette mélancolie qui tombe sur le cœur dévasté par la déception semblent accabler d'abord la tendresse ; mais elles exaltent le génie en le menant aux deux sources intarissables de la vie intérieure : la puissance de l'amour qui veut supprimer l'espace ou vaincre la mort, et la confiance en Dieu qui survit aux désastres comme une fleur victorieuse éclate sur des ruines abandonnées : alors, dans un élan de prière, elle écarte les fantômes et retient l'espérance, et, du fond de sa détresse, elle chante le plus beau chant de son amour fraternel. Ainsi, dans ce cœur pourtant consumé, la source du génie ne se tarit jamais dans le désespoir.

Tels sont les faits constants qui s'imposent à l'attention et se groupent d'eux-mêmes devant la pensée de celui qui a écouté longuement les confidences de cette âme sincère. En vivant au cœur d'un livre, dans un commerce prolongé qui achève l'effort douloureux des méditations dans les intuitions de la sympathie et les joies de l'hymen, notre esprit qui se mêle aux sources de l'œuvre étudiée opère spontanément son travail fidèle. Les éléments adventices et passagers s'agitent et tombent, mais les éléments énergiques demeurent et resplendissent. Alors le critique a la joie d'assister, après les lenteurs de son labeur silencieux, à la formation aisée d'une œuvre de synthèse, car les analyses patientes s'ordonnent sur des plans harmonieux sous la lumière organisatrice qui montre l'identité de la vie et de l'art. L'art est l'expression de la vie profonde et essentielle.

CHAPITRE DEUXIÈME

L'ÉVOCATION DE L'IMAGE FRATERNELLE

L'ÉVOCATION DE L'IMAGE FRATERNELLE

Le *Journal* d'Eugénie de Guérin a été écrit pour offrir au frère lointain ou perdu les espérances, les tourments et la détresse de la sœur solitaire, quelquefois heureuse, souvent inquiète, enfin dévastée et inconsolable. Donc il convient de dresser, au début de notre étude, l'image fraternelle qui fut la grande inspiratrice.

La mère d'Eugénie mourut en 1816. Maurice n'avait que 6 ans. Mais Eugénie fut pour Maurice non seulement la sœur, la sœur confidentielle, la sœur qui s'attache au frère comme le lierre à l'arbre : elle a été encore et surtout la Mère, car elle a vécu pour lui et en lui, avec l'ardeur infinie de la tendresse, dans un total abandon.

Jamais mère n'a pensé à son enfant avec

une sollicitude plus émouvante. Jamais mère n'a éprouvé, avec plus d'exaltation et de déchirement, le pathétique de la vie maternelle. Le *Journal* d'Eugénie, c'est un cœur de mère qui bat devant nous. On entend son chant éploré, dans le désert du Cayla, quand Maurice est parti vers la capitale redoutable et lointaine. Alors elle se tend vers lui ; elle le protège de son ombre invisible et toujours présente ; elle le couvre de toutes les caresses de son amour alarmé.

« Il me semble que tu es là, que ce papier c'est toi. »

« Ce que je te dis quand je te parle me vient du plus profond. C'est l'eau dans sa source, ou la source de l'eau qui sort pour te désaltérer. »

« Je te vois jusque dans tes veines. »

« Tout se réduit pour moi à souffrir pour toi. »

Quand Maurice est mort, le *Journal* devient de plus en plus émouvant, et nous entendons, dans ce dialogue de la mort et de la détresse, le sanglot mal étouffé qui retentit dans les allées des cimetières.

« Mon journal est un reliquaire où je trouve un cœur mort. »

« Tu étais le fils de mon cœur... Maurice, le cœur du cœur. »

« Lui et moi, c'étaient deux yeux du même front. »

« Je vivais en ta vie, je suis morte en ta mort. »

« Tout meurt, je meurs à tout. Je meurs d'une lente agonie morale. »

Aussi, lorsqu'elle cessa de souffrir, le 31 mai 1848, à l'âge de 43 ans, son pauvre corps dévoré par le chagrin fut déposé auprès du corps de son frère. Elle voulut reposer aux pieds de celui « à qui allait toute sa vie », dans la paix du jardin qui entoure l'église.

Quel était donc ce frère, si relié au cœur d'Eugénie, si mêlé aux fibres profondes de ce cœur anxieux, toujours évoqué par la tendresse de ce cœur pathétique ? C'était une âme attirante et mystérieuse, puissante et déchirée, charmante et tragique, — mélange singulier de Platon et de Pascal, de Chateaubriand et de Vauvenargues. Reproduisons ici quelques pages de notre livre sur Maurice, et montrons, à travers les tourments de sa vie qui fut brève, les mélancolies et les grandeurs qui expliquent les inquiétudes et les exaltations d'Eugénie, et sa meurtrissure incurable.

Maurice de Guérin, comme Lamartine, a

grandi parmi les pasteurs. Il passa les onze premières années de sa vie (1810-1821) au château du Cayla, près d'Andillac, dans le Tarn. Enfance solitaire ! Enfance errante dans une solitude inviolée ! Enfance mêlée au cœur de la terre natale et fondue dans l'âme de son vallon ! Ainsi cet amant de la nature, ce prêtre du culte de Cybèle, ce compagnon de Diane et des nymphes, ce frère du Centaure et de la Bacchante s'est développé à l'ombre des bois et dans le murmure des sources. Ailleurs nous avons dit l'action inspiratrice du paysage familier, l'harmonie virgilienne de son vallon, l'abondance des effets d'horizon sur les coteaux qui ondulent, le silence et la solennité de la forêt de chênes.

Eugénie nous a laissé les aveux les plus touchants sur l'enfance de son frère, — enfance illuminée par les joies de l'aube et déjà visitée par les dieux. « Tout enfant, j'aimais à t'entendre : avec ton parler commença notre causerie. Courant les bois, nous discourions sur les oiseaux, les nids, les fleurs, sur les glands. Nous trouvions tout joli, tout incompréhensible, et nous nous questionnions l'un l'autre. Je te trouvais plus savant que moi, surtout lorsqu'un peu plus tard, tu me citais Virgile, ces églogues que j'aimais tant et qui semblaient faites pour tout ce qui était sous nos yeux. » Plus précieuse encore est cette remarque sur les manifestations du génie fraternel, dans les premiers élans de l'imagination vers la beauté du monde. « Maurice était un enfant imaginatif et rêveur. Il passait de longs temps à considérer l'horizon, à se tenir sous les arbres. Il affectionnait singulièrement un amandier sous lequel il se réfugiait aux moindres émotions. Je l'ai vu rester là, debout, des heures entières... Il écoutait longuement les bruits de la nature... Une de ses jouissances, c'était encore d'improviser en plein air... Il y a dans les bois du Cayla, sous un enfoncement, une grotte taillée en forme de chaire, où il montait et qui fut appelée pour cela la chaire de Chrysostome. Maurice avait toujours ses sœurs pour auditoire. »

On aime à suivre Eugénie et Maurice, dans ces jeux de l'enfance, parmi les charmes de la vallée. On se plait à écouter les mutuelles confidences des âmes qui se rapprochent, et on s'assure que cette affirmation de Barbey d'Aurevilly traduit avec exactitude la fidélité des souvenirs fraternels : « C'est dans ces contemplations, dans ces promenades et ces repos aux bois et dans les plaines, qu'Eugénie étreignit si bien l'âme de son frère que cette âme et la sienne ne perdirent plus la marque de cette vive étreinte. » Le *Journal* d'Eugénie apporte le témoignage de cette fusion merveilleuse.

***

A onze ans, Maurice est envoyé à Toulouse au petit séminaire de l'Esquile. Taciturne et mélancolique, il écouta la parole de ses guides et se plia à leur pensée disciplinée par la sagesse des sages. Quel honneur pour ces maîtres d'avoir entrevu et respecté la qualité de cette âme de choix ! Quelle gloire pour ces murs vénérables d'avoir abrité un si beau génie !

Après le séjour pacificateur du collège provincial, l'existence plus agitée du collège parisien. De 1824 à 1829, nous retrouvons Maurice à Stanislas. Trop éloigné des siens et déjà offert à la souffrance, il regrette l'enivrant vagabondage dans les sentiers d'Andillac. Sa sensibilité se meurtrit dans l'évocation des beaux souvenirs, et il fait entendre dans ses lettres la plainte d'un petit romantique. Mais il écarte vite les attitudes à la mode, la mise en scène de Chateaubriand, le pittoresque illusoire de la mélancolie byronienne. Cet enfant, qui voudrait vivre dans l'amitié des arbres et des fontaines, ressent les premiers ravages de la nostalgie. Son esprit est comme égaré ; et son goût de la nature, obéissant à l'exaltation qu'amène la contrainte, développe ses longues et tenaces racines. Pendant ce temps, Eugénie, qui reçoit l'aveu de ces premiers chagrins, s'inquiète et sa tendresse devient plus ardente.

Dans les souffrances de l'internat toujours odieux aux âmes tendres et justes, il évoquait celle qui avait consolé son enfance et qu'il ne voyait plus. Il aimait à se réconforter au souvenir de sa tendresse et dans l'admiration de ses talents, car Maurice remarqua vite cette grandeur émouvante et secrète qui se retenait sous la grâce de la modestie. Retenons cette lettre, écrite à 19 ans, le 7 janvier 1829 : c'est le plus délicat hommage à des mérites qui se dérobent et que le frère est heureux de mettre en lumière : « Je pense, ma chère Eugénie, avoir deviné ton âme et voici l'idée que je m'en fais. Écoute : il est un sentiment qu'on a tourné en ridicule à cause de l'abus qu'on en a fait, et parce que beaucoup de personnes qui n'en étaient pas susceptibles ont voulu cependant en faire montre pour se mettre à la mode : ce qui est devenu par là minauderie et affectation. Ce sentiment, c'est la mélancolie. Mais il n'en est pas moins vrai que cette affection de l'âme, quand elle est naturelle, ennoblit le cœur et devient sublime. L'homme, dit Platon, plus rapproché de son créateur, guidait autrefois dans leur cours les sphères célestes et repaissait son âme des concerts de leur harmonie divine ; mais, précipité sur la terre par la jalousie des génies, il n'a plus qu'un souvenir confus de sa grandeur et de son bonheur passés. En admettant cette création brillante de l'Homère des philosophes, qui dans cette fiction sublime approche tant de la vérité, ne dirait-on pas que certaines âmes conservent un souvenir plus vif de la grandeur dont elles sont déchues, et que ce souvenir apporte dans leur cœur une noble et douce tristesse nourrie par les regrets et par les misères présentes de la vie ? A les voir lever les yeux au ciel et prêter une oreille attentive, ne dirait-on pas qu'elles cherchent à saisir quelques sons lointains de l'harmonie divine ? Ces âmes ne voient pas le monde comme le vulgaire et puisent à une autre source de plaisirs. Elles n'aiment pas ces joies bruyantes où le corps a beaucoup plus de part que l'âme ; il leur faut des jouissances toutes spirituelles, mêlées d'un sentiment de tristesse, de même que les anciens rappelaient au milieu de leurs voluptés l'idée de la mort et de la brièveté de la vie. La solitude, le murmure des vents, la contemplation du ciel, voilà ce qui est pour elles une source de délices. » Confidence émouvante que la postérité recueille avec respect ! Le comte Gardès, qui a vécu près du Cayla, à l'ombre des souvenirs guériniens, disait avec cette grâce d'élégance qu'il unissait à la force : « Maurice et Eugénie se sont fait l'un à l'autre, au delà de la tombe, le sublime présent de l'immortalité ».

Le regret de la terre natale et le souvenir des confidences d'Eugénie sous le marronnier bienveillant laissent Maurice dans une longue amertume. Il éprouve de plus en plus le chagrin de l'isolement et il fait part de son trouble dans ses lettres mélancoliques. « Je trouve plus de charme à errer dans un bois qu'à parcourir les rues tumultueuses de Paris, et un sentiment bien plus doux, bien plus sublime s'empare de moi à la vue des pompes de la nature et même de sa majestueuse simplicité, que lorsque je mesure des yeux ces trophées de l'ambition ou de la vanité, qui ne m'apprennent autre chose que les efforts qu'ont faits les hommes pour élever leur pauvre gloire un peu au-dessus de la terre. Enfant de la nature, je suis étranger dans ce séjour où tout est le produit de l'art, même les sentiments, car on dirait que la perfection de la société est la perfection de l'art de se tromper. Mais bientôt je reverrai ma solitude chérie, et ce sera, je l'espère, pour ne plus la quitter. »

Là-bas, dans le silence du vallon que traverse

toujours l'ombre fraternelle, le cœur d'Eugénie commence à s'alarmer devant la plainte de cet enfant qui se froisse et déjà se dévore. Elle pressent le mal des transplantations qui fatigue la fragilité des tendres, — des tendres qui ont besoin de la sauvegarde de la tendresse. Alors elle a la force de taire la tristesse de ses pensées, le chagrin de la solitude, son désir si ardent de revoir le frère éloigné, la joie qu'elle aurait de vivre sans cesse avec le frère repris pour toujours. Qu'elles sont touchantes, les recommandations de la sœur qui oublie sa souffrance pour donner les conseils de la sagesse ! « Je crains que tu ne te plonges trop souvent dans la rêverie, dans un monde idéal, tandis que tu t'occupes trop peu de celui où tu te trouves... Notre part à nous, les sœurs, c'est les caresses ; toi, tu dois agir... Si la campagne a ses agréments, elle a aussi ses misères... » Avec la lucidité de l'affection inquiète, elle signale ce mal de la rêverie qui épuise l'âme guérinienne et consume l'ardeur du désir dans le délire de l'insatiable.

***

Pourquoi les séjours de Maurice au Cayla ont-ils été si intermittents et toujours traversés ? Pourquoi n'est-il pas revenu et resté au foyer de la tendresse ? Dans l'asile de la terre natale, il aurait déployé l'abondance de ses beaux dons en évitant les fièvres qui menacent toujours une sensibilité trop ardente. Mais sa famille était pauvre et devait soutenir le prestige déclinant d'un grand nom. Le descendant des Guérin, le petit-fils de ces Guarini italiens qui avaient donné, disait-on, d'illustres compagnons aux doges de Venise et des cardinaux à l'Église romaine, connut vite le chagrin des soucis matériels et la nécessité des combats. Donc, en 1830, il fut envoyé à Paris, à la Faculté de Droit, pour la conquête des diplômes, dans une atmosphère d'orage.

Le tumulte de Paris étonnait l'esprit encore incertain de Maurice. Il sentit qu'il fallait trouver, pour l'épanouissement de sa pensée, un cadre plus harmonieux et une direction plus énergique. Les âmes fortes comprennent, même dans l'égarement de l'adolescence qui confond si souvent la liberté et l'indiscipline, la nécessité de ces redressements. Ce cadre pacificateur et cette maîtrise si désirée, il les trouva dans la terre bretonne, auprès de Lamennais, qui avait fondé une sorte d'École normale, au milieu des grands bois de la Chênaie, aux environs de Dinan. Là, de décembre 1832 à septembre 1833, Maurice vécut neuf mois, les mois les plus pleins de sa vie, dans les joies de l'amitié, de la méditation et de la prière. Son génie se fortifia sous la parole d'un maître qui fut un grand maître, puisqu'il éleva dans la grandeur l'esprit de ses disciples enivrés.

La Bretagne enrichit encore sa sensibilité en renouvelant sa puissance d'émerveillement. En Bretagne, il vit la mer et il accueillit dans son âme avide la grande émotion de la mer. Car la mer est un désert, un désert mouvant, un désert en tumulte, un désert qui retentit d'un chant de sérénité ou d'un bruit d'apocalypse. Qui nous dira les méditations guériniennes devant la mer, devant ce mouvement qui n'aboutit jamais au repos, dans le bruit d'une force éternelle qui se dévore éternellement et ne s'épuise jamais ? Son sentiment de la nature, déjà profond, va éclater en un magnifique épanouissement où la mélancolie se mêle à l'ivresse. Voilà pourquoi la mer apparaîtra comme un élément essentiel dans le paysage traversé par le délire de la *Bacchante* et le déchaînement du *Centaure*.

La Bretagne, qui avait offert un asile si propice aux meilleurs rayonnements de la jeunesse, apporta un nouveau motif d'approfondissement. Quand l'orage éclata sur l'École de la Chênaie, quand Lamennais condamné par la Cour Romaine se replia dans le silence, l'adolescent désemparé connut la détresse de l'incertitude. Il quitta ces beaux lieux où il avait entendu la voix de la puissance, et il passa quelques mois, dans le recueillement de la lande et le voisinage des flots, au Val de l'Arguenon, auprès d'Hippolyte de la Morvonnais. La femme de son ami avait une âme tendre et profonde, chargée de langueur et frémissante de soudaines dilatations. Maurice éprouva pour elle le charme et l'angoisse d'un amour qui sut rester dans le mystère. Exaltation enivrante d'un enthousiasme secret ! Le mot de passion est trop brutal pour désigner la plus respectueuse des tendresses. Le mot de culte est nécessaire pour traduire ce mélange d'ardeur et de pureté. C'est la religion de l'âme qui déploie la noblesse de ses aspirations dans la *Vita Nuova* de Dante, les sonnets de Pétrarque et les Méditations de Lamartine.

La mort foudroyante de Marie de la Morvonnais, à 26 ans, — janvier 1835, — vint apporter à l'esprit de Maurice la lumière des grandes révélations. Il entendit d'abord au fond de lui-même la plainte qui sort de la solitude infinie d'un cœur dévasté. Puis il médita sur cette mort, et sa méditation l'éleva à des pensées si hautes que l'inspiration éclata soudain en des pages d'une splendeur incomparable. Donc la mort de Marie fut pour Maurice de Guérin ce que la mort de Julie fut pour Lamartine : elle détermina l'éclosion du génie dans l'explosion de la douleur.

Le séjour de Bretagne, qui fut pour Maurice si fécond en joies et en inquiétudes, provoqua dans la vie morale d'Eugénie de longues agitations. Car les espérances et les troubles et les tendresses du frère retentissaient au fond d'elle en échos triomphants ou douloureux. Elle a revécu le charme des heures heureuses et l'exaltation des heures illuminées par l'espoir. Elle aima cette Marie de la Morvonnais si tendre et compatissante. Elle déplora sa mort prématurée qui ravagea le foyer amical. Elle écrivit au mari accablé ces lettres douces et graves où la compréhension de la souffrance révèle sa vertu consolatrice. Elle apprécia cette âme de poète élégiaque qui déployait dans la grâce dolente de ses œuvres la distinction de sa mélancolie et de sa noblesse. Mais, d'autre part, quelle angoisse quand elle apprend que la foi du frère a tremblé ! Quelle ferveur de prière et quelle attente effrayée quand elle entend le bruit de la révolte mennaisienne ! Et qu'elle est émouvante cette âme de sœur qui s'épouvante et supplie et se désespère devant les aveux incertains du frère qui s'égare ou devant son silence plus tragique encore que ses aveux ! Le *Journal* retentit de la plainte de sa tendresse alarmée.

***

A la fin de 1835, après quelques mois passés au Cayla, dans le charme des fraîcheurs apportées par les confidences du paysage, Maurice s'agite encore, au tumulte de Paris, dans l'âpreté des combats. Après le labeur de la retraite studieuse, voici la besogne rude et stérile de l'existence quotidienne et le choc sanglant de la Vie et de l'Ame. Après l'éclosion du génie dans l'asile de la solitude et de la tendresse, voici les heures moroses de la fatigue et l'usure imposée par la contrainte.

Car, pour vivre, Maurice de Guérin dut comprimer la voix de son génie naissant. Il imposa silence à son ambition. Avec le courage de la force, il fit les exercices obligatoires. Il prépara les examens universitaires et il connut à Paris la vie sombre et pressée du professeur errant. Puis, cherchant une existence moins vagabonde, il revint au collège Stanislas pour surveiller la jeunesse toujours indocile. Et cette âme, qui avait goûté les ivresses du génie sur les sommets de la pensée, s'épuisa vite dans le froissement et dans la tristesse.

« Je souffre de grands dommages dans les soucis matériels : mon fleuve se perd dans les sables. »

« Je n'ai presque pas de réserves dans cette immense usurpation de la subsistance journalière sur le temps de ma pensée, et je prévois que, dans ma vie, il me faudra toujours jeter de cette divine proie à la cruelle nécessité. »

« Ma vie est une alternative d'élans et de défaillances, d'emportements d'imagination et de prostration d'âme, de rêves fous et de refroidissements désolants. »

« Ma liberté se lève dans la nuit. »

Les plaintes de Maurice qui mêle toujours à ses soucis trop visibles les aveux de ses secrètes douleurs, soulèvent les craintes d'Eugénie qui se répand en ses alarmes :

« Écris-moi, parle, explique-toi, fais-toi voir : que je sache ce que tu souffres et ce qui te fait souffrir. »

« J'ai écrit la nuit pour gagner un jour. J'étais si pressée de te venir distraire et fortifier dans cet état de faiblesse d'âme où je te vois. »

« Oh! Je crois bien que rien ne te plaît : un charme goûté, c'est fini, c'est épuisé ! Il me semble voir en toi je ne sais quoi qui t'empoisonne, te maigrit, te tuera, si Dieu ne t'en délivre. »

« J'ai de tristes pressentiments. »

« Que Dieu te donne une bonne nuit ! Je ne m'endors jamais sans m'occuper de ton sommeil ! »

Les inquiétudes d'Eugénie s'achèvent toujours dans un geste de tendresse : la mère vient consoler la souffrance de son enfant.

Le corps de Maurice était trop fragile pour supporter les ébranlements d'une âme toujours déchirée. Malheur à ceux qui n'apportent pas aux souffrances de l'âme l'appui d'une force intacte qui permet les rebondissements ! Maurice de Guérin ne résista pas à cette vie chargée de désillusions. Pourtant il eut le courage, dans les heures si brèves qu'il arrachait à la souffrance, d'écrire la *Bacchante* et le *Centaure*, mais dans ce cri de joie d'un esprit qui se déploie enfin dans la liberté, nous entendons un accent de plainte. Qu'il est facile d'expliquer l'amertume qui traverse l'élan de cette ivresse et de comprendre le murmure de mélancolie qui accompagne en sourdine ce chant de triomphe !

Pendant ce temps le chagrin du frère retentit là-bas dans le cœur d'Eugénie en échos de plus en plus douloureux qui soulèvent enfin les gémissements. Le malheur qui menace est pressenti, et la sœur voit errer un fantôme dans les sentiers solitaires du vallon mélancolique. Lorsqu'elle apprend que Maurice est malade, lorsqu'elle croit entendre la voix de Maurice, la voix rauque de Maurice, cette voix des phtisiques qui ressemble à une plainte à la fois stridente et sourde, elle nous dit son effroi et les hallucinations de ses nuits de cauchemar. « Cette toux me frappe comme un marteau ! Quelles transes sous mes rideaux ! Quels rêves noirs ! La moindre alarme me mène à la mort, et toute la nuit j'ai vu un cercueil, un réel cercueil. » — « Il tousse ! Il tousse encore ! Ces mots retentissent partout depuis : une pensée désolante me poursuit, passe et repasse dedans, dehors et va tomber sur un cimetière. Je ne puis voir une feuille verte sans penser qu'elle tombera bientôt et qu'alors les poitrinaires meurent ! »

Nous sommes en 1836. A partir de ce moment la vie du malade se précipite dans le déclin, à travers les intermittences tragiques de la confiance et du désespoir. Pourtant il vit se pencher sur son cœur douloureux la tendresse d'un cœur passionné. Il aima l'orageuse et mélancolique Marie de Maistre qu'il appelait, dans l'ivresse de sa gratitude, la reine des enchantements.

Certaines lettres récemment publiées par Abel Lefranc nous introduisent dans l'ombre du mystère. Qu'ils sont graves les accents de cette âme qui tremble devant la solennité de l'Amour ! — « Mon amie, je ne vous aimerai assez que dans ma douleur ; ma douleur seule, lorsque je vous aurai perdue, prendra des degrés moins éloignés de vous. Ici ma vie est sous la tendresse de votre sollicitude ; vous êtes ma gardienne, je ne puis sortir de l'étendue de votre surveillance ; partout elle me suit, m'éclaire et me préserve. » Ces aveux sont précieux, et il convenait de les recueillir, car la manière dont nous aimons révèle la qualité de notre âme.

Mais les ébranlements de la passion ne pouvaient contribuer à guérir sa faiblesse. Il comprit trop tard qu'il pourrait trouver, dans l'asile de son Cayla, le repos réparateur et les joies bienfaisantes. Des amis songèrent à lui assurer ce calme et ce bienfait. Le 15 novembre 1838, il épousa une jeune Indienne de Batavia, Catherine de Gervain, enfant claire et vive, et prête au bonheur. Mais dans ses lettres, Maurice nous dit qu'il ne fut pas heureux. Peut-être continua-t-il à subir le charme de l'enchanteresse. Peut-être sa jeune femme eût-elle préféré à cette grandeur mystérieuse l'éclat d'une existence mondaine ; mais entre Eugénie et Maurice, dans une région intellectuelle qui lui sembla trop ardente, elle dut s'étonner et ne put que souffrir. A coup sûr, tant de sublime ne convenait pas à son âme charmante et légère de petite Indienne. Eugénie s'en aperçut vite, et, dans le silence des heures les plus noires, elle confia sa douleur à son *Journal* qui ne garda pas son secret.

***

Ces dilatations et ces resserrements d'une vie toujours traversée, ces accablements et ces délires devaient aboutir à un état maladif de langueur et d'exaltation, à cet état insoutenable où la langueur déchaîne les fièvres de l'exaltation, où l'exaltation s'achève dans la mélancolie des langueurs. Avec la lucidité de ceux qui entendent l'appel de la Mort, Maurice sent la profondeur de sa blessure. Il se voit mutilé par le mal implacable. Il se juge dévasté par la fatalité du chagrin. Contemplons cet adolescent qui demeure clairvoyant devant son génie en ruines d'où émanent encore de magnifiques lueurs. Un jour, dans une lettre à Barbey d'Aurevilly, avec l'accent d'une voix qui sort de l'ombre envahissante, il fait le suprême aveu de sa puissance et de sa mutilation. Qu'il est pénétrant ce lyrisme d'une grandeur qui se sait grande et qui va mourir ! C'est une méditation poétique qui signale en traits de sang les motifs d'une sonate de Beethoven, — une méditation lyrique, où chante le conflit du désir et de la déception, — une méditation tragique, à la fois soulevée par le vent de la vie et traversée par le souffle de la Mort qui ravira demain tant de grandeur et tant de beauté.

Maurice était trop meurtri pour se ressaisir et se redresser. Il continua à souffrir dans le trouble de son corps languissant et à plier sous les ardeurs de l'insatiable. Avant de mourir, il refit une dernière fois le voyage vers la terre natale. Il put revoir les sentiers où il écoutait, dans son enfance, le retentissement de ses pas. Il retrouva les peupliers frissonnants sur le silence de la prairie, le marronnier solitaire dont l'ombre était si accueillante, le chêne vénérable qui protège la source du Téoulé, et la paix du bois de Septfonds et l'air d'attente de la grotte inspiratrice. Qu'elles furent douces et tristes les dernières courses du malade à travers les beautés et les harmonies de son vallon ! Quel long regard attendri et mélancolique sur le paysage fraternel encore illuminé par le souvenir de ses songes ! Et quelle angoisse devant ces douceurs qui se voilent et ces images assombries par la menace de la Mort !

Huit mois après son mariage, quelques jours après son retour au Cayla, le 18 juillet 1839, Maurice mourut, à 29 ans, en priant le Dieu d'Eugénie, et son corps, qui avait tant aimé la beauté du monde, fut déposé dans le petit cimetière d'Andillac, à l'ombre des cyprès tranquilles et tutélaires.

Mais dans ce corps fragile vivait une âme puissante. Signalons ce triomphe de l'esprit et les décisions de cette volonté. Car, dans les heures trop brèves que le malade peut arracher à la souffrance et à l'incertitude d'un destin qui ne fut pas bienveillant, il compose une œuvre courte mais profonde et traversée par les élans de la création.

Devant cette grandeur et cette infortune, Eugénie a ressenti les joies de l'admiration et les alarmes de la tendresse. Elle a aimé son frère, puisqu'elle était la sœur confidentielle, la mère infiniment douce, l'infatigable consolatrice. Elle admirait son frère, parce qu'elle était capable de comprendre tout son génie, non seulement dans la grâce de ces effusions poétiques qui faisaient de Maurice le rival charmant de Musset, mais encore dans l'éclat de ce pathétique intellectuel qui révèle dans cet adolescent l'émule de Pascal et d'Alfred de

Vigny. Donc elle a surpris le mal qui le dévore ; elle a compris la noblesse de sa plainte ; elle a glorifié la puissance qui lui permit de la dominer.

Elle dit : « Il me semble voir en toi je ne sais quoi qui t'empoisonne, te maigrit et te tuera ».

Elle signale ce charme de sympathie et cette incantation d'Orphée qui émanent de celui qui « sensibilise tout ce qui l'approche ».

Elle redoute les élans indisciplinables de « l'aigle indépendant et vagabond ».

Elle éprouve devant son œuvre cette ivresse d'étonnement que donnent les grands livres. « Depuis quatre jours, je suis sans bouger sous l'impression de ce *Centaure*, de ces révélations si hautes ou si intimes, de ces mots du cœur si profonds et si tristes. »

Elle avoue que l'âme de Maurice répand dans l'âme d'Eugénie l'abondance et le murmure des sources rafraîchissantes. « Ma pensée n'était qu'un rayonnement de la sienne... Maurice était ma source... le ferment de mes pensées, l'alimentation de mon âme. »

Donc quand elle entend ce bruit d'acclamations où s'exprime l'enthousiasme de George Sand et de Sainte-Beuve, de Barbey d'Aurevilly et d'Henri de la Morvonnais, elle s'écrie : « J'accepte avec transport la glorification de son intelligence. »

Ainsi le cœur d'Eugénie s'est mêlé et fondu au cœur de Maurice. Son œuvre vit et rayonne dans la vie et le rayonnement de cette grande âme. C'est pourquoi il m'a paru nécessaire d'évoquer l'image fraternelle avant d'étudier la sensibilité et la pensée de celle que le grand Frère inspira.

CHAPITRE TROISIÈME

LES RICHESSES DE LA VIE INTÉRIEURE

LES RICHESSES DE LA VIE INTÉRIEURE

L'âme d'Eugénie de Guérin est une âme héroïque, je veux dire simple et grande. Montrons l'alliance de cette simplicité et de cette grandeur.

Eugénie avait une âme claire et profonde, une âme de sainte, une âme qui voyait dans la vie l'ordre imposé par la beauté du devoir.

Eugénie avait une âme pure aux limpidités rayonnantes. La pureté de l'âme est une lumière qui resplendit sur la nature en de soudains et charmants reflets. C'est pourquoi l'âme d'Eugénie illuminait de clartés bienfaisantes la solitude de son Cayla.

Eugénie avait une âme ardente, une âme de feu, une âme toujours brûlante sous les palpitations de la tendresse. Ce mélange de candeur et d'ardeur, de discrétion et de flamme fait la grandeur des héros et des saints, de tous ceux qui enrichissent la sensibilité des hommes en leur montrant le moyen de se dépasser.

C'est ainsi que l'existence monotone d'une solitaire au fond d'un village lointain que ne traversent pas les routes humaines manifeste souvent les illuminations et les ivresses qui soulèvent les élans du génie et de la sainteté.

Cette âme claire et pure, cette âme de neige, cette âme de flamme garda toujours une fraîcheur de première communiante avec ses élévations vers Dieu dans une joie d'Éden. Quand elle faisait rayonner sur la nature la grâce de ses intuitions et le charme de sa vie intérieure, elle répandait la douceur des sources dans le parfum du buis enivrant au fond des vallées secrètes et silencieuses.

Parce qu'elle avait l'âme si claire et si pure et si ardente, elle fut douée, à un degré incomparable, de cette qualité exquise et souveraine : le tact, le tact toujours vainqueur dans les bonds soudains de la finesse infaillible. C'est pourquoi cette fille des champs qui s'appelait volontiers l'habitante des bois montrera dans sa *Correspondance* et dans son *Journal*, par les moindres mouvements de sa pensée et de son style, ce goût qui semble la récompense de la culture la plus surveillée, le goût d'une Sévigné et d'une La Fayette, d'un La Fontaine et d'un Racine, le grand goût français.

A ce degré éminent, le goût est une énergie

qui peut atteindre à la puissance. Ce goût ressemble à une force de la nature. Il saisit et il traduit l'essentiel, parce qu'il jaillit comme une source. Il a des intuitions étincelantes, parce qu'il est une émanation de la sincérité qui a les grands yeux clairs d'une source. Ce goût peut s'élever aux créations éclatantes du génie. Et le génie est un mot formidable qu'il faut prononcer avec respect. Saluons le tendre et profond génie de la solitaire du Cayla.

Recueillons quelques aveux qui expriment cette harmonie et cette lumière. Déposons ces aveux au fond de nous-mêmes, afin qu'ils se réveillent dans la fadeur des heures lourdes et répandent devant nous la douceur des brises fraîches annonciatrices du renouveau.

« Faire du bien, soulager est une jouissance intime, la moelle du cœur d'une femme. »

« On se doit de perfectionner ce qu'on aime. »

« L'amour, c'est l'âme qui ne meurt pas, qui va croissant, montant comme la flamme. »

« Rien n'est fort comme ce qui naît dans les larmes. »

« Ce n'est pas pour m'instruire, c'est pour m'élever que je lis. »

« Quelle que soit la forme, l'image de Dieu est là-dessous, et nous avons tous une beauté divine, la seule qui ne passe pas. »

« Que n'ai-je les bras assez longs pour atteindre tous ceux que j'aime ! »

« Nous avons tous une mission en ce monde : la mienne est d'aller voir souffrir. »

« Que le ciel couvre la terre ! »

« L'ombre même de ce qu'on a aimé est si douce ! »

« Que la poésie et Dieu vous consolent ! Ce sont de puissants secours, Dieu surtout qui élève l'âme à lui et lui communique de sa vie. La poésie la répand en fleuves magnifiques. Coulez, coulez, poésie sainte, sur cette terre aride. »

***

Cette âme simple et claire, pure et brûlante, était faite pour comprendre la vie de l'amitié dans l'effusion de ses joies et le trouble de ses tourments. Le goût de l'amitié, le besoin de vivre avec une vivacité extrême la vie enivrante et douloureuse de la parfaite amitié, voilà une tendance qu'il faut mettre en lumière pour révéler la qualité de cette âme.

Cette vie de l'amitié est si ardente que les mots quotidiens lui paraissent trop faibles pour traduire ces ardeurs. « Je voudrais une langue exprès pour le cœur qui pût dire tout ce qu'il sent, tout ce qu'on pense, pour la parler avec vous. » — « Je vous dirai ce qui ne s'écrit pas, qui ne se peint qu'avec la voix. »

L'amitié est le plus rassuré et le plus alarmant des sentiments qui agitent l'âme des hommes. Dans la *Correspondance*, nous trouvons l'expression de ces certitudes et de ces alarmes. Aveux involontaires d'un cœur qui déborde et veut se répandre pour donner le calme et la force ! Aveux jaillissants comme les flots pressés d'une source intarissable ! Écoutons les épanchements d'un cœur qui aime et recueillons les litanies de l'amitié :

« Oh ! le plaisir de s'entendre à l'intime ! L'amitié aime bien cela. »

« Ma chère amie, ma chère autre moi, tant vous m'êtes intime ! »

« Encore moi, toujours moi, qui vous suis comme votre ombre, mon inséparable ! »

« Vous souffrez, je souffre, voilà tout : je voudrais souffrir réellement ce que souffrent ceux que j'aime. »

« A la moindre occasion, au passage de tout ce qui passe, j'ai quelque chose à donner pour vous. C'est si doux, si facile, de vous envoyer des tendresses ! C'est sans effort que je les tire du cœur ou plutôt qu'elles sortent et coulent comme de l'eau sur ce papier. »

« Vous dites que je suis poète, je ne sais trop

ce que c'est ni ce que j'ai dans moi ; mais je m'y sens ce je ne sais quoi pour vous qui ferait des pages d'écriture, des paroles, des tendresses, des baisers sur votre joue, des paroles devant Dieu. »

« Cette montagne est pour moi un Thabor, un lieu de vision, où une voix me dit : Vous êtes bien aimée ! »

La qualité de l'amitié ne se montre pas seulement dans l'intensité de notre affection : il est si facile d'aimer et de dire qu'on aime ! Elle se révèle surtout par la manière dont nous comprenons le chagrin de l'ami en ressentant sa souffrance. Il faut fondre notre âme dans son âme pour emplir la solitude de la douleur qui se croit toujours solitaire. Joies ineffables et tourments infinis de la grande amitié !

L'amitié véritable est aussi émouvante que l'héroïsme et aussi rare que le génie, parce que l'énergie de l'amour doit s'accompagner de toutes les puissances de l'esprit de finesse. Il y a des âmes fortes, mais prisonnières de leur orgueil, qui ne sauront jamais aimer. Il y a des âmes candides et ignorantes, mais passionnées d'affection, qui obéissent spontanément à tous les scrupules.

L'amitié est un art, un art profond et subtil, qui préside à une construction toujours menacée.

Cet art est le triomphe, renouvelé par d'obscures et quotidiennes épreuves, de la générosité et de la délicatesse. Il s'agit de prolonger une plainte qui se voile dans la discrétion, de sentir une souffrance qui se dérobe dans le mystère, de traduire un désir qui s'inquiète dans l'ombre. Il faut encore, — ce qui semble plus difficile — ignorer ce que l'on a pressenti, respecter la pudeur de certains chagrins, et comprendre la nécessité de certains silences.

On trouve dans la *Correspondance* l'expression la plus émouvante de ces suprêmes délicatesses :

« Votre douleur est au-dessus de vos forces, au-dessus de tout ce qu'on pourrait vous dire. Aussi je ne dis rien, je ne vous écris que des larmes. »

« On craint de renouveler la douleur en y touchant. Cependant faut-il que l'amitié mette des larmes sur ces plaies du cœur. »

« Dites-moi si vous voulez des lettres plus longues : vous en aurez. J'aime à consoler ceux qui pleurent, mais bien souvent on aime à pleurer seul. »

« Ne croyez pas que je vous aie oubliée pendant ce long temps de silence. Il y a des occasions où le cœur parle sans qu'on s'en doute, sans qu'on l'entende même. »

Nous comprenons pourquoi, dans cette âme

qui n'a vécu que pour aimer, l'amitié fut le sentiment essentiel qui survécut à toutes les amertumes et soutint jusqu'au bout la force d'un cœur prêt à se consumer.

« Mon cœur est mort à tout, hormis à l'amitié. »

« Écrivez-moi : je suis en peine. Je ne suis pas morte à vous : vous m'occupez. »

« L'amitié sainte est un écoulement de la charité qui ne meurt pas. »

***

Cette âme simple, claire et pure, qui se donne toute à l'amitié, semblait née pour offrir le spectacle de la joie dans la lumière et traduire la fraîcheur de la vie primitive dans la sérénité de son Cayla. Pourtant elle a connu toutes les agitations de la mélancolie.

Indiquons d'abord une cause profonde, la cause psychologique. N'oublions pas qu'Eugénie et Maurice sont marqués de cette grâce délicate et fragile qui signale la fatigue d'une race. On sent en elle cette morbidesse distinguée des aristocraties qui s'éteignent. Le germe fatal de cette mélancolie est dans ce corps souffreteux et chargé de langueur. De même nous saisissons en Maurice le souci de l'usure, cette hantise de l'usure qui désagrège lentement l'énergie et achève l'audace dans le renoncement.

Dans ce corps si vite abattu vit une sensibilité toujours prête à souffrir. Cette âme trop tendre s'offre à toutes les meurtrissures. Elle est sans cesse émue par le vent des alarmes. Le douloureux et permanent frisson des antennes de la tendresse inquiète sans répit ce cœur trop vulnérable. Écoutons la complainte de cette âme toujours tremblante :

« Pauvre cœur tout construit pour la souffrance ! Il y en a trop ! Il y en loge ! Tout est plein dans ce moment ! »

« Mon âme s'afflige de la moindre chose. Un mot, un souvenir, un son de voix, un visage triste, un rien, je ne sais quoi souvent trouble la sérénité de mon âme. »

« Le plaisir chez moi ne descend pas comme la peine. »

Dans l'intervalle de ses prières qui seules la tiennent debout, nous entendons toujours le murmure d'une tristesse qui se plaint :

« Je me sens triste et faible sous ce mont d'affliction ! »

« Que devenir sous tant d'impressions détruisantes ! »

« Il y a des moments où l'âme est morte ! »

Mais cette parfaite chrétienne s'efforce de lutter contre cette dépression qu'elle sent redoutable et qui s'insinue dans nos fibres profondes comme un poison invisible et produit par la fatigue même : « Il y a des jours de défaillance où l'âme se replie sur elle-même comme bien fatiguée. Cette fatigue sans travail, qu'est-ce autre chose que faiblesse ! Il la faut surmonter comme tant d'autres qui vous prennent cette pauvre âme. Si on ne les tuait une à une, toutes ces misères finiraient par vous dévorer comme ces étoffes rongées par les vers. »

Donc elle se redresse, car elle se redresse toujours ; mais le leitmotif de la tristesse s'enroule encore autour de cette âme affligée qui entend autour d'elle la plainte éternelle de la vie menacée par la mort :

« La vie et la mort sont sœurs et naissent ensemble comme deux jumelles. »

« Notre cœur est comme un arbre entouré de feuilles mortes. »

« Il faut toujours tout quitter ! »

En lisant de tels aveux, on s'explique le sourire chargé de mystère où s'achèvent souvent les élans de gaieté de son âme candide, — ce sourire un peu contraint et si émouvant des malades qui veulent cacher leur mal à l'affection qui les entoure. Nous comprenons pourquoi elle a signalé avec tant de complaisance les charmes de la mélancolie et les « teintes en deuil » de l'automne, — pourquoi elle aimait à écouter, dans la tristesse de novembre et le froissement des feuilles sèches, la plainte des méditations lamartiniennes, — pourquoi elle s'attardait dans la solitude du cimetière d'Andillac, — pourquoi enfin elle a décrit avec une émotion si éloquente la cérémonie religieuse de la prise de voile. Ces jeunes filles et ces enfants qui écartent les joies du monde, cette évocation du tombeau où va s'ensevelir cette jeunesse, ce drap mortuaire jeté sur le rayonnement de tant de beauté, ce dédain de la vie et cette ivresse de renoncement, quelles images pathétiques et douces à cette âme inclinée au mépris de ce qui passe et occupée par la vision de l'éternel !

Ainsi le caractère d'Eugénie s'enrichit et se nuance. Cet esprit qui paraît si simple est décidément très complexe. Cette âme de fraîcheur et de lumière a souvent plié dans les ombres de la mélancolie.

***

Nous avons montré la simplicité et la fraîcheur, la mélancolie et la grâce de cette âme de choix. Qualités féminines et parées de charme qui font de la solitaire du Cayla le type infiniment délicat et pur de la femme ! Mais sachons discerner l'originalité sous la modestie et la puissance sous la tendresse. Gardons-nous d'affadir cette figure de femme. Il ne convient pas que l'harmonie de son cœur voile la beauté de ses audaces. Il ne faut pas que la discrétion de cette âme chrétienne, amie de l'ombre et toujours retenue par une pudeur invincible, empêche de contempler sa grandeur.

Constatons d'abord que ce mélange surprenant de fraîcheur et de tristesse, de vivacité et d'accablement donne à sa vie intérieure une puissance singulière de retentissement. L'existence humaine est traversée d'émotions contrastées qui lui impriment l'agitation d'un drame. Avec une incomparable force de pathétique, l'âme d'Eugénie s'offre avidement à ces mouvements qui la déchirent et la mènent du bonheur à l'affliction, du sourire à l'angoisse. Ainsi son cœur vit toujours dans la fièvre des ardeurs extrêmes.

Remarquons ensuite qu'une sensibilité aussi agitée nourrit, dans le silence de la vie secrète, une énergie singulière d'élasticité et de compréhension. Donc nous ne serons pas surpris lorsque la pensée surgira, dans cette âme fervente, en manifestations lumineuses. L'esprit explique et voit dans la mesure où l'âme éprouve et devine. Une grande pensée est l'intuition d'un cœur retentissant.

N'oublions pas enfin qu'Eugénie a senti et déclaré les marques de cette force et les effusions de cette puissance. Marques frappantes, et pourtant rapides, parce qu'elle les retient! Effusions tragiques, mais brèves, parce qu'elle leur impose silence ! Sa modestie exige la mesure, car elle se soumet à l'ordre souverain du calme. Son énergie assure sa démarche, car elle veut réaliser la beauté de l'équilibre dans le rythme de la résignation. Rien n'est plus émouvant que cette volonté de contrainte. Rien n'est plus redressant que cette lucidité dans la maîtrise des mouvements effrénés. « Il est dimanche. Je suis seule dans mon désert. Le tonnerre gronde et j'écris, sublime accompagnement d'une pensée solitaire. Quelle impulsion ardente et élevée ! Comme on monterait, brûlerait, volerait, éclaterait en ces mouvements électriques ! »

De même que cette âme ordonnée contenait, avec un courage héroïque, les mouvements d'une sensibilité qu'elle jugeait trop brûlante, ainsi elle retenait, avec une modestie dont nous déplorons la sévérité, les inspirations les plus riches de son imagination de poète. « Ma vie est pour Dieu et pour le prochain... J'ai renoncé à la poésie. Mais le sacrifice m'a d'autant plus coûté qu'en abandonnant la poésie, la poésie ne m'a pas abandonnée ; au contraire, je n'ai jamais eu tant d'inspirations qu'à présent qu'il me faut les étouffer... J'aurais des transports de joie qui me tueraient, s'il m'était permis de m'y livrer. Éteignons, éteignons ce feu qui me consumerait pour rien. »

Donc, au fond d'elle, s'agitent une sensibilité prête aux épanouissements et une imagination capable des rayonnements les plus beaux. Mais cette grande âme modeste, en avouant ces mouvements passionnés, les arrête brusquement, car elle préfère aux manifestations glorieuses la joie silencieuse et grave du dévouement obscur et de l'héroïsme quotidien.

Pourtant, malgré cette volonté de mesure, sa sensibilité trop meurtrie déborde, sa puissance trop contenue se déchaîne, et ce tragique intérieur brise le cadre imposé. Apparition soudaine d'une force dont nous avons contemplé les triomphants départs dans l'œuvre des plus grands maîtres ! Eugénie a connu les heures noires d'un « ennui désespéré ». Elle a entendu le chant si lugubre de « ce moi plaintif qui nous obsède ». Dans le trouble de son désarroi, il arrive à cette chrétienne de désirer la mort : « Il y a des jours d'immobilité où j'ai souhaité la foudre », et elle évoque un paysage sinistre pour envelopper dignement le tumulte de sa douleur. « Quelques gouttes de pluie sur la terre ardente. Peut-être orage ce soir ramassé par ces vapeurs. Ah ! qu'il tonne, qu'il passe des torrents d'eau et de vent ! Je voudrais du bruit, des secousses, tout ce qui n'est plus ce calme affaissant ! » Ainsi cette âme, que nous savons si unie et si peu romantique, se juge si malheureuse qu'elle veut encadrer dans un paysage de tempête sa douleur et son désespoir. Elle est si brisée de souffrance qu'elle trouve spontanément, dans le silence de sa chambre, ces images orageuses que recherchait laborieusement, avec les adresses de son art factice, Chateaubriand le mélancolique si fastueux.

Décidément gardons-nous de ne voir en elle que la douceur charmante et un peu fragile d'une petite couventine. Çà et là son livre creusé par la douleur est traversé par un bruit de tonnerre et déchiré soudain par le tragique de la détresse. Dans le ciel du Cayla, qui reflète d'ordinaire la simplicité de son âme résignée, passent un murmure d'abîme et un frisson de foudre, manifestations brèves d'une puissance que je sens en elle obscure et mystérieuse et qui éclaterait davantage, si la foi chrétienne toujours invoquée aux heures lourdes n'imposait son ordre et n'apportait sa lumière. Alors, soudain, cet orage s'apaise et ce tumulte d'une grande âme se dissipe dans la paix des certitudes :

Eugénie de Guérin s'agenouille devant la Vierge des Douleurs et la souffrance du Crucifié.

A ce portrait de femme qui doit être nuancé pour n'être pas trop inégal à son âme si riche, il était nécessaire d'ajouter cet élément singulier de pathétique ; et ce trait nouveau paraîtra essentiel puisqu'il signale l'originalité profonde. Nous comprenons alors pourquoi ce cœur toujours inquiet a ressenti, avec l'intensité des mouvements extrêmes, toutes les émotions du cœur féminin. Sa tendresse est une sympathie ardente. Les joies et les inquiétudes de l'amitié lui apportent les ivresses et les alarmes de la passion. Sa mélancolie est une tristesse poignante et, çà et là, pascalienne. Son sentiment de la nature a la fraîcheur et l'éclat des contemplations poétiques. Son amour de Dieu brûle avec l'ardeur des mystiques effusions.

Donc cette âme si simple manifestera, sans le vouloir, ses richesses. Elle contient sa force, mais cette force brillera dans la spontanéité des dilatations. Elle dissimule sa puissance, mais cette puissance resplendira dans l'éclat de soudains aveux. Le génie humain est fait de la grandeur des sacrifices qu'il est capable de s'imposer.

CHAPITRE QUATRIÈME

LES EFFUSIONS DE L'AME DEVANT LA NATURE

LES EFFUSIONS DE L'AME DEVANT LA NATURE

Cette clarté d'âme, cette fraîcheur de sensibilité et cette tendresse ardente et mélancolique disposaient Eugénie de Guérin à sentir la nature avec une vivacité singulière, et son goût pénétrant comme un fluide lui permet de rendre ce sentiment avec la grâce d'un charme qui paraîtra souverain.

***

Quelle douceur et quelle ferveur pour définir l'attrait de son Cayla ! « Mon doux Cayla... Mon joli et tranquille Cayla... Mon cher et doux endroit ».

Sa « chambrette » est au centre d'un horizon engageant. Voici la prairie traversée par le murmure du Santussou, et le ruban de la route de Cordes et la paix du hameau de Méryx qu'ombrage la majesté des chênes, et la courbe harmonieuse de ces coteaux modérés que domine la tour de Lantin. Eugénie contemple ce paysage virgilien et elle trouve le rythme léger des mots qui traduisent les images nettes et fraîches :

« Ce vallon de verdure où chante le rossignol... »

« Ma terrasse sur un vallon où coule un ruisseau. »

Là, elle écoute les bruits de la nature qui traversent soudain le silence de la solitude, « le berger qui siffle dans le vallon », « un chant de grive sur les genévriers du Cayla », « les oiseaux sous le grand chêne du Téoulé », « le bruit des fléaux tombant en cadence sur l'aire », « deux petits enfants qui font en chantant leur fagot de branches parmi les moutons ».

Elle écoute cette harmonie qui sème sur le vallon ses vibrations claires, et elle médite sur cette harmonie répandue, car elle sait que « le son inspirateur », selon son expression guérinienne, traduit l'âme même des choses. On imagine aisément qu'Eugénie apprit à Maurice à écouter et à comprendre les bruits « inspirateurs » de la nature.

***

Avec la même sensibilité prompte et heureuse, son regard saisit la grâce et l'éclat des formes de la vie. Ici encore elle trouve les images qui traduisent, avec la fraîcheur d'une âme neuve, les émotions de son émerveillement.

« Ma chambre est toute tapissée de rayons. »

« La transparence d'un air embaumé où tout se dessine comme sous un globe de cristal. »

« Le ciel si clair, transparent, étoilé avec ces demi-teintes de demi-lunes. »

Ailleurs elle note « la dorure adorable » du champ de blé, et elle ajoute : « Le grand champ du Nord est une mer jaune. »

Elle signale l'épanouissement des premières sèves, la grâce blanche des amandiers, le parfum frais des acacias, et elle évoque en une ligne le poème fleuri du printemps : « Ce beau mois de mai tout fleur et verdure ».

Elle admire la pourpre et l'or de l'automne et elle trouve des mots tendres pour traduire la mélancolie de l'heure automnale et pour plaindre la fatigue des saisons : « Ces teintes de deuil qui commencent. »

Surtout sa rêverie monte et s'attarde parmi les nuages d'automne, ces beaux nuages de neige qui courent sur l'azur calme d'un ciel d'automne : « Ces nuages sont d'une couleur molle et vive, du coton d'or sur un ciel bleu. »

***

Un caractère éminent de cette âme si fraîche est d'être directe et spontanée comme une âme de primitif. C'est pourquoi elle aime à revivre parmi les formes simples, éternelles de la nature.

Elle trouve cette grande image digne de l'épopée. « Le Cayla, le grand désert vide, à peu près comme était la terre avant qu'y parût l'homme. » Dans ce Cayla antique, dans ce grand désert solennel des premiers jours de la création, elle sent la beauté des scènes primitives. « Les gracieuses choses que je vois dans les champs ! Un beau champ de blé plein de moissonneurs et de gerbes, et, parmi ces gerbes, une seule debout faisant ombre à deux petits enfants et leur grand'mère les faisant déjeuner avec du lait. » N'est-ce pas le thème d'un de ces tableaux de Millet, si larges et si émouvants qu'ils pourraient illustrer les récits de la Bible ?

Nous la surprenons ailleurs dans un élan d'admiration qui monte comme la prière pour saisir la poésie des cieux. « En entrant dans ma chambre ce soir, je suis frappée de la blanche lumière de la lune qui se lève ronde derrière un groupe de chênes ; la voilà plus haut, plus haut, toujours plus haut chaque fois que je regarde. Merveilleuse faculté de voir, si élevée, si étendue, si jouissante! On jouit du ciel quand on veut. » Cette jeune fille, qui suit dans les cieux l'ascension des astres nocturnes et décrit le geste éternel de l'humanité demandant à la paix des étoiles l'énigme de son destin, cette enfant qui s'étonne devant cette faculté si étendue et si capable de nous ravir dans les joies du ciel, nous fait penser à Maurice qui, dans la prière de sa *Bacchante*, contemplera sur les ondulations des cimes la sérénité des constellations.

Retenons encore ce tableau antique et toujours renouvelé qui traduit un aspect essentiel de la vie humaine, et admirons la vie agile des mots qui modèlent le tableau comme si l'on voyait les formes surgir et briller sous la main d'un peintre. « Ce soir je me suis bien trouvée d'un repos sur la paille, au vent frais, à regarder les batteurs de blé, joyeuses gens qui toujours chantent. C'était joli de voir tomber les fléaux en cadence et les épis qui dansent, des femmes, des enfants séparant la paille en monceaux, et le van qui tourne et vanne le grain qui se trie et tombe pur comme le froment de Dieu. »

Devant ces tableaux qui décrivent les scènes vénérables de la vie des champs, notre mémoire se représente les plus touchants épisodes de l'*Odyssée*. Car nous constatons dans ces brèves évocations le mélange si frappant de la simplicité et de la grandeur. Et le souvenir d'Homère n'est pas accablant pour l'âme naïve d'Eugénie, car la simplicité atteint à la puissance quand elle a le don de saisir et de traduire les aspects permanents de la nature, la vie des saisons toujours renaissantes, les gestes éternels de l'humanité.

***

Eugénie de Guérin ne se contente pas d'exprimer les beautés de la nature avec la grâce des primitifs qui unissent la simplicité à la puissance et le naturel à la grandeur. Un sentiment lyrique vient ajouter les aveux du cœur humain à ce don homérique et charmant de représenter la vie de l'univers.

Eugénie ne reste pas séparée de la nature. Elle entend les palpitations du cœur universel. Elle surgit devant nous comme une fleur vivante et parlante parmi les fleurs de son Cayla. Elle se mêle à la vie de l'arbre et au murmure du ruisseau, à la fraîcheur de la prairie et au silence de la forêt; et son âme chante et soupire, se resserre ou s'épanouit, s'enveloppe ou rebondit comme l'âme de son vallon.

« L'hiver a pris fin : je reverdis comme un brin d'herbe.

« Aujourd'hui que voilà le soleil, je reprends vie et m'épanouis comme la pimprenelle, cette jolie petite fleur qui ne s'ouvre qu'au soleil.

« Quel charme d'errer comme les perdrix ! »

Donc elle sent battre l'émotion éternelle de la vie sous le calme des apparences. Lorsque les arbres frémissent sous le souffle de l'orage, sa pitié s'émeut et elle croit entendre le murmure de plainte de ces feuilles qui tremblent. « C'est pitié de leur voir cet air languissant et défait. Il me semble que tout ce qui paraît souffrir a une âme. » — « La grêle est venue... mon pauvre petit rosier du Nivernais me faisait pitié, à le voir tout battu, tout lapidé, tout défleuri et brisé. »

En mêlant ainsi son âme à l'âme des choses, elle montre la sensibilité d'un saint François d'Assise qui vit fraternellement dans l'amitié des arbres, des oiseaux et des sources. « Mon âme s'harmonise avec les fleurs, les oiseaux, les bois, l'air, le ciel. »

Nous voyons maintenant pourquoi son admiration se tourne toujours en amour. A cette âme harmonieuse la Beauté apparaît comme une amie qu'elle aime tendrement. Son sentiment de la nature est une forme de son besoin d'aimer, et son étonnement charmé s'exprime avec l'épanouissement et la grâce de la tendresse. Cette âme franciscaine aime l'automne, les fleurs et les étoiles parce qu'elle aime l'âme des fleurs, l'âme de l'étoile, l'âme de l'automne. Elle assiste au cœur même de l'être, et elle se représente ces merveilles de sympathie qui font de la vie des fleurs un poème de fiançailles et répandent sur la nature entière le chant de l'hymen triomphant. Elle se mêle au cœur de l'être, et elle accueille le rayon de l'étoile comme l'effusion d'un regard fraternel. Elle pénètre au fond du cœur même de l'être, et, dans la mélancolie de l'automne, elle entend la plainte d'une âme qui pleure.

Voici le dialogue des fleurs qui s'aiment : « J'ai des fleurs dans un gobelet ; j'en ai longtemps regardé deux dont l'une penchait sur l'autre qui lui ouvrait son calice. C'était doux à considérer, l'épanchement de l'amitié dans ces deux petites fleurettes. Ce sont des stellaires, petites fleurs blanches à longue tige des plus gracieuses de nos champs. On les trouve le long des haies, parmi le gazon ».

Voici le regard de l'étoile qui rayonne dans la nuit : « On jouit du ciel quand on veut ; la nuit, j'aperçois, par la fente d'un contrevent, une petite étoile qui s'encadre là vers les onze heures et me rayonne assez longtemps pour que je m'endorme avant qu'elle soit passée ; je l'appelle aussi l'étoile du sommeil, et je l'aime. La pourrai-je voir à Paris ? »

Voici la plainte de l'automne qui accompagne l'émoi de notre chagrin : « Je suis seule dans ma chambre avec mes idées en deuil et les mille voix du vent qui gémissent comme les orgues pour les morts. »

Ce don de traduire la beauté du monde par le retentissement qu'elle soulève dans le cœur humain marque la place d'Eugénie parmi les peintres de la nature. Certes elle n'ignore pas l'art de la description, et cette âme de femme n'est pas insensible à la grâce de la parure. Plus glorieuse ou moins modeste, elle aurait pu se donner la joie de faire briller les mots sur des visions claires et harmonieuses. Çà et là, on voit dans son *Journal* de fines aquarelles et des pastels légers que son imagination trouve et cueille en courant dans les sentiers de son vallon. « Hier Mimi m'apporte de magnifiques rubans d'herbe rayée blanc et vert, satinée, brillante : c'était à nouer au menton. » Mais elle ne s'attarde pas dans ces exercices de virtuosité, parce qu'elle écarte tous les mouvements de la vanité inutile. Donc elle décrit la nature par les sentiments qu'elle inspire plutôt que par les images qui la dépeignent. Elle délaisse la manière fastueuse et facile des descriptifs pour suivre la manière moins étalée et plus pénétrante des Lamartine et des Wordsworth. Son art simple et charmant, et pourtant profond, contribue à nous apprendre que l'art de l'écrivain et l'art du peintre sont deux arts différents, et que la distinction établie par Fromentin repose sur des motifs péremptoires. C'est l'erreur de certains artistes, plus peintres que poètes, de vouloir égaler le verbe à la peinture. Il n'est pas nécessaire de multiplier les couleurs et les formes plastiques pour évoquer toutes les magnificences. Avec des mots simples mais rassemblés par un rythme secret, l'écrivain peut produire une résonance infinie. La puissance de la suggestion est incomparable.

Quand Maurice de Guérin s'éloigna des coteaux modérés du Cayla et se porta vers les landes bretonnes, auprès des étangs anxieux et des forêts farouches et de la mer retentissante, son sentiment de la nature s'élargit et connut de nouvelles exaltations. De même Eugénie, à la fin de sa vie, a goûté et proclamé le charme de la haute montagne. Elle visita les Pyrénées, nos Pyrénées accueillantes et pathétiques, — accueillantes comme le vert des prairies et le chant des sources partout ruisselantes, — pathétiques comme le silence des solitudes lointaines et des sommets inabordables. Alors son sens des beautés naturelles se révéla dans sa plénitude. Ici, comme toujours, elle évite l'insistance et se refuse l'abandon, et il nous arrive de regretter cette réserve qui arrêta sans doute de magnifiques élans. Pourtant il est facile de voir l'enrichissement de cette sensibilité de femme, si on la compare aux maîtres du XVIIe siècle. Eugénie de Guérin, comme les grands classiques, écarte les mouvements déchaînés parce qu'elle connaît la puissance de la mesure ; et cette discrétion souveraine, qui est le mouvement naturel de son esprit, est encore et surtout le témoignage spontané de son élégance morale. C'est pourquoi nous avons pu dire que son goût montre les pudeurs du goût racinien. Pourtant, devant la nature, Eugénie déploie une imagination plus ouverte et une sensibilité plus retentissante. Madame de Sévigné s'étonne devant les beautés trop abruptes. Racine s'effarouche devant les apparitions du formidable. Mais la sœur de Maurice accueille les audaces de la nature avec une admiration qui ne tremble pas.

Recueillons quelques-unes de ses sensations pyrénéennes, puisqu'elles sont révélatrices des mouvements puissants de cette âme avide de s'enrichir.

« C'est quelque chose de magnifique que la vue de ces monts géants, tout couronnés de sapins et sillonnés de torrents. Nous avons eu cette superbe décoration pendant toute la journée qui a commencé à Tarbes. »

« Figurez-vous des monts, rien que des monts, toujours des monts incommensurables, et, au bas, d'étroites vallées. »

« J'ai joui grandement pendant cette route commencée parmi les vignes et les fleurs, et continuée dans les flancs de roches pyramidales et sur un torrent qui vous bondit sous les yeux jusqu'à Cauterets. La route est taillée à pic sur ce gave fabuleux et elle eût fait honneur aux Romains : c'est admirable de hardiesse. Si du Cayla on pouvait nous voir emportés sur ce chemin aux aigles !... » Nous voyons Eugénie étonnée et ravie dans l'emportement de sa course vers la montagne lointaine, près des torrents, au-dessus des ravins, dans l'ivresse des sommets.

Voici, en quelques mots, l'évocation de la cascade de Mahourat avec sa lumière étincelante et son écume rejaillissante et le murmure de son bondissement. « Figurez-vous un torrent blanc de neige et bleu de ciel, roulant, bondissant, écumant au large du haut d'un mont inaccessible qu'il fend en deux : c'est la cascade de Mahourat. »

Voici le lac de Gaube, non pas contemplé en un jour de soleil, quand il ressemble à une immense coupe d'azur pure et tranquille, mais aperçu sans doute en un jour sans soleil, quand il s'étend mélancolique et morne dans un silence triste sous la menace des monts. « Le lac désert, profond, immense nappe d'eau entre des monts immenses, mais nus, abrupts, tristes comme la mort. »

Toutes ces « belles beautés », pour emprunter son expression, sont accueillies avidement par son imagination conquérante. Aussi quelle tristesse quand le mal qui l'inquiète l'oblige à rester dans le calme du parc, et quelle joie quand elle peut se permettre les audaces des ascensions, « les courses sur les monts, à travers torrents, sapins et bruyères. »

On voit que la sensibilité d'Eugénie est plus vibrante que celle de nos classiques. Le déploiement de ces forces déchaînées enrichit sa vie intérieure, sans troubler son besoin d'harmonie et son sens de la mesure. La puissance de son regard soutient l'énergie de tout ce sublime

Décidément il y a au fond d'elle une tendance au pathétique qu'elle a voulu dissimuler et qui éclate, malgré elle, dans ce goût du terrible. « Pour événement du jour, nous avons eu un tonnerre magnifique. Quand on aime ce bruit, on en jouit sans mélange... » On se rappelle que, dans la solitude souvent accablante du Cayla, Eugénie a souhaité la secousse de ces agitations soudaines et le bruit d'un roulement dans une menace de catastrophe.

L'étude du sentiment de la nature nous permet de signaler encore, dans cette âme mesurée qui se veut unie et calme, ces apparitions de la grandeur et ces brusques détentes dans le mystère du tragique.

La sensibilité d'Eugénie, qui nous a frappés d'abord par sa douceur et la discipline de sa discrétion, a connu, devant les beautés de l'univers, les épanchements et les ébranlements et les agitations secrètes de Maurice. Nous sommes autorisés à le dire en utilisant la valeur de ces rapides aveux. Mais la méditation d'un texte capital, dont notre analyse nous amène enfin à comprendre la portée, garantira l'assurance de nos conclusions. Ce texte nous montre la richesse toujours grandissante du sentiment de la nature, et signale la puissance d'élasticité de cette âme ouverte à la vie et capable des plus hautes synthèses de la sensibilité humaine, car la sensibilité peut aboutir, dans l'âme des poètes, à la force des intuitions et à l'éclat des synthèses : « Je lisais hier au soir Bernardin, au premier volume des *Études*, qu'il commence par un fraisier, ce fraisier qu'il décrit avec tant de charme, tant de cœur, qui ferait, dit-il, écrire des volumes sans fin, dont l'étude suffirait pour remplir la vie du plus savant naturaliste par les rapports de cette plante avec tous les règnes de la nature. Mon ami, je suis ce fraisier en rapport avec la terre, avec l'air, avec le ciel, avec les oiseaux, avec tant de choses visibles et invisibles, que je n'aurais jamais fini si je me mettais à me décrire, sans compter ce qui vit aux replis du cœur, comme ces insectes qui logent dans l'épaisseur d'une feuille. De tout cela, mon ami, quel volume ! »

On trouve ici l'indication brève et trop fugitive de ce mouvement de puissance qui portera Maurice à se mêler au cœur même des choses. L'âme humaine, quand elle s'agite aux ardeurs de la vie intérieure, a des rapports à la fois éclatants et obscurs avec l'univers. L'existence merveilleuse des héros, de ceux qui sont grands par l'action et par la tendresse, révèle l'accord et le rententissement de ces correspondances mystérieuses. Tous les miracles du génie et de la sainteté sont les témoignages de ces puissances secrètes. L'âme abondante et tragique de Maurice de Guérin nous a montré ce besoin d'identification avec tout ce qui respire et gémit dans la nature sous le souffle divin qui mène le monde. Dans cet aveu rapide qui la surprend elle-même, Eugénie nous apprend qu'elle n'a pas ignoré les tourments de cette sympathie inépuisable ni les illuminations créatrices de cette vie intérieure. Donc cette confidence est précieuse, puisqu'elle nous apporte, avec un essentiel témoignage sur la richesse de son cœur, une explication psychologique d'une partie du *Centaure.*

Pourtant ne commettons pas la faute d'unir Eugénie et Maurice jusqu'à les confondre dans une indiscernable unité. Gardons-nous de donner à Eugénie le caractère d'une sœur du Centaure. Pour rassurer son ombre que je sens s'émouvoir de ce rapprochement hasardeux, hâtons-nous de dire que, dans les confidences de son *Journal*, sa passion de la nature, qui pourrait montrer toutes les ardeurs du lyrisme, ne se déploie jamais dans le délire d'un paganisme exalté, mais s'achève toujours avec l'élan de la foi dans les effusions de la prière chrétienne.

Pour Maurice, la nature est divine et il lui arrive de fondre Dieu dans la nature. Pour Eugénie la nature est toujours le temple de Dieu, et la beauté de l'univers fait rayonner la bonté divine. Maurice dira avec l'émotion d'une sensibilité audacieuse qui a inquiété la prudence de M. Trébutien : « Après avoir adoré Dieu directement dans la prière du matin, il est bon d'aller plier un genou devant cette puissance mystérieuse qu'il a livrée aux adorations secrètes de quelques hommes ». Mais Eugénie, qui redoute l'effet de cette puissance mystérieuse sur la croyance du frère agité, lui répond : « Regardons en haut, fixons les cieux, les étoiles ; passons de là aux cieux qui ne passeront pas. La contemplation de la nature mène là ; des objets sensibles l'âme monte aux régions de la foi et voit la création d'en haut, et le monde alors paraît tout différent. »

Ainsi notre analyse du sentiment de la nature se termine, comme Eugénie l'aurait souhaité, dans cet élan suprême vers la divine grandeur. N'avions-nous pas le droit de dire, en définissant les influences caractéristiques et les traits révélateurs, que l'âme d'Eugénie, c'est le cœur même du Cayla s'offrant à Dieu, comme un hommage, dans une perpétuelle effusion de gratitude et d'adoration ?

CHAPITRE CINQUIÈME

LES ÉLANS DE L'ÉNERGIE INTELLECTUELLE

LES ÉLANS DE L'ÉNERGIE INTELLECTUELLE

Une sensibilité aussi généreuse devait rayonner en pensées neuves et fortes.

Les démarcations que nous aimons à établir entre la sensibilité et l'intelligence sont incertaines. Divisions imposées par le goût de notre esprit latin et sans doute commodes pour soutenir l'ordre de notre labeur, mais divisions arbitraires et vite démenties par la complexité et l'unité du réel ! La pensée et le sentiment sont deux énergies qui ne se déploient pas en des régions différentes, puisqu'elles se mêlent et se fortifient, se soutiennent et se remplacent. Une pensée riche pense avec les ardeurs de la sensibilité, et une sensibilité résonnante s'émeut dans la clarté de la pensée organisatrice. La lumière vit et brille dans les effets de cette collaboration spontanée et de ce mélange indiscernable.

Eugénie de Guérin a toujours dérobé dans le

mystère le sentiment de son originalité intellectuelle. Souvent elle nous confie les émois de sa sensibilité, parce qu'elle ne pouvait dissimuler ses souffrances. Jamais elle ne signale la valeur de ses méditations, parce qu'elle se plaît au contraire à proclamer la faiblesse de son savoir. Elle a aimé passionnément la modestie. Elle s'est attachée obstinément à la discrétion. Elle a voulu se tenir dans l'ombre avec la grâce un peu farouche de la pudeur invincible. Cette réserve est émouvante, mais ne commettons pas la faute de mesurer sa puissance à la modération de ses aveux.

Dans la vie intellectuelle comme dans les manifestations de sa vie intérieure, cette âme simple et profonde révèle d'abord ses richesses par l'effusion de ses étonnements. Nous l'avons vue s'étonner de l'étendue de notre regard humain, car elle jouissait, en contemplant les étoiles, de cette faculté d'envergure qui déploie l'allégresse de l'âme dans un royaume sans limites. De même elle s'étonne des intuitions de la pensée qui permettent à l'esprit de se répandre dans la lumière. Ces étonnements, qui sont les confidences de sa candeur, apportent le témoignage d'une pensée surprise par la valeur de ses découvertes. Goûtons le charme de cette modestie, mais retenons les preuves de cette originalité.

En constatant les beaux mouvements de sa pensée qui monte, elle dit son goût de la vie recueillie et de ce qu'elle appelle la contemplation intérieure : « La belle chose que la pensée ! Et quels plaisirs elle nous donne, quand elle s'élève en haut ! C'est sa direction naturelle. » — « Prier, penser, réfléchir, ce serait mon occupation de tous les jours, si je suivais mon attrait, ce quelque chose qui m'attire au recueillement, à la contemplation intérieure. » — « J'aime de m'arrêter avec mes pensées, de m'incliner sur chacune d'elles pour les respirer, pour en jouir avant qu'elles s'évaporent. Ce goût me vint de bonne heure : j'étais enfant que je faisais de petits soliloques... »

Ce travail de l'esprit sur les pensées qu'il secrète et ordonne en des plans harmonieux est plein de charme pour cette intelligence lumineuse, mais il est si pénétrant qu'il n'évite pas toujours les dangers de l'insatiable, et Eugénie indique, en le redoutant, ce pouvoir d'analyse où l'esprit entraîné éprouve d'amères souffrances ; car l'analyse désagrège les éléments de la vie et découvre en tout le germe de la mort.

« La réflexion me plonge au fond de toute chose et je vois le néant de tout, si Dieu ne s'y trouve. »

***

Eugénie, amie de l'ombre, ne prétend pas à la gloire du penseur et de l'écrivain. Elle évite l'appareil du labeur intellectuel et le ton de la dialectique et l'air un peu contraint du philosophe dans le silence du laboratoire. Elle médite, mais elle ne disserte jamais. Sa pensée est une forme éclatante de sa sensibilité qui se détache d'elle-même, échappe par son ampleur aux limites d'une vie individuelle, et se revêt d'une expression générale parce qu'elle traduit une aspiration universelle ou une souffrance commune. Alors, sans le savoir, elle arrive à des affirmations décisives qui ont établi la renommée des plus grands penseurs.

On trouve en effet, dans les confidences de son *Journal* et de ses *Lettres*, des aveux délicats ou profonds sur les rapports de la sensibilité et de la pensée. Parce qu'elle a vécu avec l'intensité de son cœur passionné, elle a ressenti toute la puissance de la vie intérieure. En racontant ce qu'elle éprouve, elle révèle cette puissance même, et ses aveux sont des documents psychologiques d'une sincérité incomparable, puisqu'ils traduisent l'animation de ces régions profondes d'où ils émanent comme des sources.

Comme tous les penseurs qui ont vécu sur les sommets de l'âme d'où se découvrent les grands courants de la vie, Eugénie a signalé ce dualisme mystérieux qui répand sur les formes de la nature et l'existence des hommes le pathétique d'un conflit entre les forces qui organisent et les forces qui dissolvent. Son regard, d'un long cours, saisit à la fois les beautés et les tristesses, et, si elle aime à décrire la fraîcheur et l'éclat de la vie, elle ne méconnaît pas le travail de l'usure et de la dissolution. Ce double mouvement vers la misère et la grandeur de l'homme donne à son *Journal* la clairvoyance et la fermeté d'un livre de philosophe.

***

Le dualisme de l'âme se révèle dans les manifestations de la vie tour à tour glorieuse et tourmentée. L'âme est grave et fragile, dominatrice et asservie, digne d'admiration et offerte à la pitié. Contraste fondamental qui s'impose à la pensée humaine, et qui explique les mouvements de notre existence à la fois enivrante et mélancolique !

L'âme est grande, et nous verrons qu'Eugénie bâtira sur cette grandeur un édifice moral où la faiblesse trouvera la force. L'âme est grande parce qu'elle possède une énergie de rayonnement qui l'invite aux plus beaux triomphes. Groupons ici les pensées éparses où la solitaire du Cayla mesure sans trembler la grandeur de l'esprit humain :

« Il n'y a ni temps ni espace pour l'âme : cela fait bien voir que nous sommes esprits. »

« Comme le temps occupe peu d'espace ! Une fois passé, ce n'est rien : dans ce peu d'espace, on peut faire tenir un siècle. »

« Les courants de l'âme sont longs. »

C'est pourquoi l'âme répand des lueurs qui éclairent les obscurités où la raison tâtonne. La pensée humaine serait hésitante et brève, si les illuminations du sentiment ne soutenaient pas sa démarche toujours exposée aux divagations :

« L'œil de l'âme sait se placer comme il faut pour bien voir. »

« Il est des choses qu'on devine, quand on ne les a pas trouvées. »

« L'âme ne reçoit pas autant qu'elle perçoit. »

Aveux précieux d'une âme qui fut illuminée ! Remarques profondes d'une pensée qui accepte la primauté du cœur ! Affirmations éclatantes comme un chant de triomphe, auxquelles aboutissent toujours ceux qui connaissent les divinations de l'esprit éclairé par l'Amour et par la Beauté. Ici « l'habitante des bois » se mêle au cortège des grands idéalistes, puisqu'elle proclame, avec Platon et Maine de Biran, saint Thomas et Vauvenargues, la prédominance de l'âme qui sent et devine sur l'esprit qui hésite et se trouble dans les ténèbres.

Donc la vie de l'âme se déploie en des mouvements sûrs et brillants qui annoncent les joies d'une vie divine. « Tout sert à l'âme : tout fait penser en haut. » — « Qu'importent les apparences ? L'âme, la vie n'est pas là. » — « L'âme s'unit au sujet qui l'occupe, de sorte qu'elle se perd en lui. Se perdre en Dieu, quel bonheur ! » Et cette puissance créatrice se manifeste dans la vie de l'amour qui engendre tant de prodiges : « Le cœur, quand il aime, est intarissable. » — « L'amour, c'est l'âme qui ne meurt pas, qui va naissant, montant comme la flamme. »

Nous comprenons maintenant pourquoi Maurice de Guérin, charmé par cette force d'élévation qui éclairait la pensée d'Eugénie, admirait en elle les ardeurs des grandes mélancolies et l'élan des intuitions platoniciennes. Avec un mélange émouvant de tendresse et de déférence, il écrivait à sa sœur : « A voir certaines âmes lever les yeux au ciel et prêter une oreille attentive, ne dirait-on pas qu'elles cherchent à saisir quelques sons lointains de l'harmonie divine ? »

***

L'âme est grande, et cette grandeur qui lui apporte des joies surhumaines lui impose des devoirs qu'il faut accepter. Mais cette grandeur est toujours exposée à la chute, parce qu'elle est associée à tant de misère que l'âme se déchire dans le conflit permanent de sa force et de sa fragilité.

Eugénie de Guérin, qui a proclamé avec tant de force la puissance de l'âme, signale avec une égale assurance son aptitude à la douleur et sa capacité de souffrir.

« Inconcevables que nous sommes, rien ne peut nous contenter. »

« Le fond de la vie est tout en noir. »

« Notre âme entend de loin venir le malheur. »

« Le bonheur est une chose environnée d'épines, de quelque côté qu'on le touche. »

« O fin de tout ! Fin de toutes choses et toujours des plus chères, et sans cause connue souvent pour les sentiments du cœur que par je ne sais quel dissolvant qui s'y mêle. En s'unissant, il entre le grain de séparation. Quelle déception pour qui croyait aux affections éternelles ! »

« L'intelligence est comme l'amour, toujours accompagnée de douleur. C'est que ce n'est pas d'ici-bas, et tout ce qui est déplacé doit souffrir. »

« A en croire les fables de l'Orient, une larme devient perle en tombant dans la mer. Oh ! si toutes allaient là, la mer ne roulerait que des perles. Océan de pleurs aussi plein que l'autre, mais pas plus que l'âme parfois ! »

Eugénie de Guérin, qui fut grande et déchirée, a éprouvé dans le mystère toutes les grandeurs et toutes les douleurs de la vie morale. C'est pourquoi le *Journal* donne l'ébauche d'un Traité de l'âme où une âme particulièrement fine et profonde a révélé, dans les mouvements de ses aspirations et de ses craintes, les agitations et les exaltations de l'âme humaine. Cette sensibilité qui souffre et cette pensée qui se redresse impriment à cette œuvre un rythme émouvant où retentit le poème de la vie intérieure. Ainsi ce petit livre, passionné comme un chant lyrique, est éclairant comme une méditation de philosophe.

***

Cette intelligence, qui a mis en lumière le dualisme de notre misère et de notre grandeur, est clairvoyante et riche, mais elle est discrète. Donc elle ne se révèlera pas dans l'abondance des raisonnements discursifs et des dissertations déployées. Au contraire, elle éclatera en de rapides aveux qui ressemblent moins à des conclusions de l'esprit qu'à des effusions d'âme. C'est pourquoi l'on trouve dans son *Journal* des observations qui brillent soudain comme des maximes, et des peintures qui surgissent comme des médaillons.

Les Maximes, vraiment dignes de ce beau nom, sont des sentences pressées où l'âme inscrit les aveux les plus décisifs de sa vie intérieure. Elles sont à la fois claires et mystérieuses, — claires comme des vérités lentement éprouvées, — mystérieuses comme des sons qui résonnent en longs échos. La vie de l'âme, longuement amassée dans le silence, laisse échapper, en de brefs et soudains murmures, ses plus hautes révélations. Donc une maxime est moins émouvante par ce qu'elle exprime que par ce qu'elle suggère.

Recueillons quelques maximes où cette âme méditative a déposé ses méditations.

« Les vérités révélées ont la propriété des abîmes ; elles sont sans fond et sans lumière : c'est ce qui fait le mérite de la foi. » Image tragique où revit la vie de la croyance avec sa démarche à la fois tremblante et sûre dans la région du sublime et les sentiers de la foi : région voilée et sentiers ténébreux sur un gouffre insondable. Mais la foi qui se veut forte plane, en priant, sur le silence de ces abîmes : alors la victoire est conquise et Dieu parle au cœur de l'homme rasséréné.

« Les douleurs profondes sont comme la mer : elles avancent, creusent toujours davantage. » L'image est aussi grande que la pensée est profonde. Une grande image frappe autant par le pathétique du tableau présenté que par la force de retentissement de la pensée ainsi traduite. Ici la nature collabore au drame humain : l'homme s'agite dans la nature qui prolonge ses agitations. L'image est donc chargée de pensée, et la pensée est illuminée en se déployant sur un émouvant tableau.

« L'illusion tapisse tout en ce monde. » Avec quel mélange de grâce et de force l'image est unie à la pensée et la pensée fondue dans l'image !

« On ne sait, mais on espère. L'espérance du bonheur en fait le charme. » Pensée exquise, hésitante comme le mystère de ce bonheur incertain, et flottante comme le charme engendré par la douceur du désir et le prestige de l'espoir.

« Ton portefeuille porte-passé est tout plein

d'intérêt comme une histoire, histoire d'homme plus attachante cent fois que celle d'un peuple, et celle-ci s'y trouve-t-elle encore si l'on veut : chaque homme n'est-il pas un genre humain ? » Admirable définition du *Journal* de Maurice ! En lisant les confidences fraternelles, Eugénie est frappée par cette profondeur de vision qui pénètre, à travers le cœur d'un homme, dans le cœur de tous les hommes ; et elle écoute cette force de retentissement qui donne à ces notes quotidiennes l'accent d'un chant éternel. Ainsi elle nous aide à comprendre comment l'âme d'un seul s'ouvre, en se décrivant, à la plainte de l'humanité. Un fait bien observé révèle une loi de la vie. Le génie de la synthèse est l'épanouissement et le triomphe de l'esprit d'analyse. Le classicisme est la puissance d'élever l'individuel à l'universel. Le journal d'une âme peut définir une forme émouvante de la destinée humaine.

« La vie s'avance comme l'eau, comme le ruisseau que j'entends couler sous ma fenêtre et qui s'élargit à mesure que ses bords tombent. » Ces bords qui tombent et qui semblent emporter, en tombant, les débris d'un cœur ravagé, ce ruisseau qui s'élargit et qui entraîne en s'élargissant les émotions d'une existence toujours inquiète, cette image de l'eau qui s'en va et de la vie qui se retire vers un lointain où tout s'engloutit, quel tableau chargé de tristesse !

« Le cœur des pauvres, des délaissés du monde, n'a rien qui les empêche d'entendre. Aussi qu'il est aisé de les consoler, de les résigner à la mort ! » La pauvreté est au cœur ce que la fraîcheur est à l'esprit : un préservatif et une sauvegarde. Le cœur qui n'a pas connu le surmenage du bonheur maintient en lui l'élan et la force : il est prêt à accueillir la manne qui tombe, comme un champ qui s'offre aux caresses du soleil. De même un esprit que les formules n'ont pas durci présente une sincérité toute prête aux révélations. Maintenons en nous ces réserves profondes des cœurs que la pauvreté rend si riches, et cette puissance d'émerveillement qui apporte aux esprits simples et droits les vérités essentielles toujours données par la beauté du monde.

« L'horloge du salon, ce cher meuble qui a vu passer tant des nôtres sans s'en aller jamais, comme une sorte d'éternité. » L'esprit philosophique, élargi par la constante vision de la mort, aime à opposer la vie qui passe à l'éternité qui demeure. Le bruit assidu de l'horloge émeut d'une émotion infinie cette sensibilité retentissante. L'émotion de la sensibilité éveille la pensée de l'existence éternelle. Ici, comme dans la poésie des grands poètes, la sensibilité est la source des mouvements puissants de la pensée. L'image et la pensée se fondent, et, dans l'ardeur d'un élan unique, elles resplendissent.

« Jetons nos cœurs en l'éternité... » Paroles pathétiques écrites, un 31 décembre, dans le silence solennel de l'année qui tombe. L'éternité s'entr'ouvre soudain devant cette âme passionnée d'excellence et avide de la lumière céleste. Admirons le lyrique élan de ce cri sublime, et suivons, si nous le pouvons, ce mouvement d'essor vers l'infini révélé, ce déploiement d'ailes au-dessus des temps et des espaces.

Certaines maximes évoquent, dans le silence de la mémoire surprise, les réflexions inscrites sur l'âme humaine par les plus hauts penseurs, sans que ces rapprochements nous paraissent accablants pour cette âme qui se veut modeste et se montre si grande.

« Les sentiments uniques grandissent dans la solitude jusqu'à l'immensité. Comme ce marronnier qui se trouve seul, là-bas, ils couvrent toute l'âme. » On trouve et on admire dans Chateaubriand ce besoin d'épanouir une pensée forte dans une image plastique.

« Nous naissons tous comme voués au malheur. » On lirait sans surprise, dans le journal d'Alfred de Vigny, ce cri de souffrance et cet aveu de désespoir.

« Nous ne faisons que passer sur les pas des morts. » Plaçons cette phrase, comme une épigraphe éclatante, au fronton du monument de Maurice Barrès.

Méditons ces confidences qui nous transportent de la « chambrette » du Cayla dans la cellule de Pascal à Port-Royal-des-Champs : « Le cœur, quand il est triste, n'a pas assez des secours humains qui plient sous lui, tant il est pesant de tristesse. Il faut à ce roseau d'autres appuis que des roseaux. » — « Le bon livre d'examen qu'une tombe ! Comme on y lit des vérités ! Comme on y trouve des lumières ! Comme les illusions, les rêves de la vie s'y dissipent, et tous les enchantements ! »

Certains jugements condensent en de vigoureux raccourcis la philosophie d'un Bossuet :

« La tranquillité de l'ordre ! Chose admirable et rare ! » On se rappelle la définition de la paix (la tranquillité dans l'ordre) que Bossuet médita pour l'enseignement éternel de la misérable humanité toujours froissée dans la bataille.

« La pensée de la mort fait regarder comme passé tout ce qui passe. » C'est le résumé éclatant, qui semble donné par Bossuet lui-même, de l'oraison funèbre d'Henriette d'Angleterre.

« Nous ne formons qu'une procession funèbre ici-bas, et quelle rapidité dans la marche ! On souffre d'y regarder, mais on avance en détournant la tête. » Évocation d'une sombre magnificence qui traduit la mélancolie d'éternelles funérailles. C'est l'image lugubre que Bossuet aime à opposer à la fragilité humaine dans sa *Méditation sur la Brièveté de la Vie* et dans son *Sermon sur la Mort*.

Ainsi, dans l'aisé mouvement de son esprit qui monte, Eugénie répand les aveux qui semblent sortir de l'œuvre des Maîtres. Dans les moments où cette âme médite avec l'intensité des méditations, elle surgit parmi les plus grands. Quelquefois elle semble reproduire leur langage qui s'insinue spontanément dans la trame de sa pensée. Souvent elle trouve, avec les mots d'un éclat neuf, la tragique beauté qui décrit la détresse. Ce mélange d'une pensée forte et d'une image pathétique produit des effets de grandeur, et notre âme entend soudain le son d'une âme héroïque.

« Je suis désolée de tant d'âmes perdues. Il me semble voir un océan couvert de vaisseaux démâtés, dévoilés, faisant eau de toutes parts. Ainsi m'apparaît le monde. »

« Accablement ! Poids de douleur ! Essayons de soulever ce mont de tristesse ! »

« Il faut s'attacher à Dieu, à celui qui soulève le vaisseau et la mer. Pauvre vaisseau que je suis sur un océan de larmes ! »

Jamais, ni dans le *Prométhée* d'Eschyle, ni dans le *Roi Lear* de Shakespeare, ni dans le *Mont des Oliviers* d'Alfred de Vigny, la misère humaine n'a poussé une plainte plus poignante. Jamais le désespoir humain n'a fait retentir un cri plus strident : « Pauvre vaisseau que je suis sur un océan de larmes ! »

Cette aisance dans la force se retrouvera dans la manière de décrire les âmes. La qualité de la pensée se manifeste dans les décisions de sa puissance évocatrice. Un portrait qui a l'éclat de la plénitude révèle dans le peintre une énergie de domination, et, s'il s'agit de définir un grand esprit, la compréhension et la maîtrise du juge signalent une puissance qui l'égale à celui qui est jugé.

La Tour de Saint-Quentin disait : « Ils croient que je ne saisis que les traits de leur visage, mais je descends au fond d'eux-mêmes à leur insu, et je les emporte tout entiers. » Aveu précieux qui peut s'appliquer aux grands connaisseurs d'âme : un Rembrandt, un Racine, un Saint-Simon, un Balzac, un Père Gratry.

La force de descendre et la puissance de saisir l'essentiel qui s'agite dans les sources profondes, Eugénie de Guérin semble les posséder, mais elle les montre avec la mesure souveraine de son goût, — et devant nous se lèvent la grâce des pastels légers et ces médaillons clairs qui brillent dans la lumière. Signalons les témoignages de cette aisance heureuse, de ce flair vif et subtil, de ce tact triomphant et de cette pénétration qui, s'attachant aux plus grands, peut aller jusqu'à la grandeur.

Voici d'abord quelques portraits ou silhouettes fugitives, dessinés en traits incisifs par une main alerte et sûre qui surprend le détail caractéristique et compose un être vivant et le fait surgir devant nous.

« Le curé du village de Cordes, celui de Vieux et le nôtre, trois hommes bien différents : l'un sans esprit, l'autre à qui il en vient, l'autre qui le garde. »

« C'est une douce et bonne petite femme, mais silencieuse et timide, faisant deviner les qualités de son cœur et de son esprit, et des talents agréables. Elle pense, dessine, fait de la musique, brode beaucoup et charme ainsi la rusticité des montagnes. »

« Visite d'une dame et de sa petite fille, petite plante un peu flétrie, pâle, inclinée sous une fièvre lente, sous le développement de la vie qui la fait souffrir. Elle est blanc d'albâtre, à peine rosée aux lèvres, veloutée de violet sous les yeux, air abattu et complet de langueur intéressante. »

« Deux visites : je les note parce que c'est rare à présent dans notre désert, et qu'il s'y trouvait un homme admirablement laid, un Pélisson, un visage marqueté, grave, tout difforme et dont l'âme efface les traits. Au premier regard, il choque ; au second, il plaît ; au troisième, il attire. Que l'intelligence fait plaisir et relève cette face de chair de l'homme ! »

Visions rapides, visions vivantes qui égalent l'art à la vie. Reconnaissons qu'il y avait dans cette âme claire et dégagée et exprimante cette sensibilité des artistes qui fait leur regard impérieux et les oblige à interroger l'apparence pour lui arracher son secret. Nous comprenons maintenant la portée de ce jugement énoncé par Eugénie sur un peintre médiocre qui avait trahi dans la mollesse de sa peinture la vérité d'un puissant modèle. « Son crayon n'est pas capable de rendre son souvenir, de saisir d'une prise assez forte cette grande image dans son âme. » Rendre l'intensité d'un vivant souvenir et saisir d'une prise assez forte une grandeur souvent mystérieuse, c'est le privilège des maîtres, et les confidences du *Journal* vont nous permettre d'admirer çà et là cette pénétration et cette maîtrise.

Avec quelle grâce elle nous montre l'âme des amies qu'elle aima et qui aimèrent Maurice : Louise de Baynes, Marie de la Morvonnais, Marie de Maistre, — Louise de Baynes, la solitaire des rochers de Rayssac, l'amie d'enfance, la confidente de cette pure et profonde amitié de l'enfance qui, seule, dure toute la vie ; — Marie de la Morvonnais, que Maurice vénéra avec la ferveur de cet amour mystique dont le Dante et Pétrarque ont chanté les exaltations ; — Marie de Maistre, que Maurice nommait la reine des enchantements, parce qu'il éprouvait devant elle ce sentiment qui a fait trembler le cœur de Racine dans *Phèdre*, le cœur d'Alfred de Musset dans la *Nuit de mai*, le cœur de Guy de Maupassant dans *Fort comme la Mort*.

Voici le portrait de Louise de Baynes dont Maurice avait tant aimé l'âme ardente et sévignéenne : « Je ne puis vous voir que riante, causante, égayante, dansante. » Ailleurs elle est ainsi évoquée et décrite après une visite au musée du Louvre. « Je vous ai retrouvée au musée espagnol de peinture. C'était vous, Louise :

une tête vive, un visage ovale, un air malin, vos yeux qui me regardaient, vos joues que j'allais baiser sans une barre en travers. J'ai été frappée de la ressemblance et si charmée que j'ai repassé exprès pour revoir ma chère Espagnole. »

En quelques traits brefs et forts est décrite la vie morale de l'inquiète et mélancolique Marie de la Morvonnais, si semblable à cette autre Bretonne inquiète et mélancolique Lucile de Chateaubriand : « J'aimais sa pensée sauvage, triste, orageuse, enveloppée de brouillards comme sa Bretagne. »

Marie de Maistre est dépeinte dans la complexité de son âme de sphinx lassée et infatigable, avec son charme de tendresse et son air d'orage, ses élans surprenants et sa longue plainte désespérée : « L'infiniment tendre Marie, cette femme étonnante dans son organisation physique et morale, si près de la mort et de la vie, si fraîche et si délabrée, si pleine de force et de faiblesse, de dignité et d'enfantillage, si prête à rire et à pleurer, si aimante, si naïve, si intelligente, si ouverte et si peu connue. »

Souvent deux ou trois mots suffisent pour évoquer une âme dans une lumière d'auréole : « Un charme assuré, tout pur, c'est Marie. » — « C'est une perle d'âme et une âme de perle qu'Antoinette. »

Voici le Père Lacordaire, dont elle fait comprendre l'éloquence lyrique, en signalant ce mélange de simplicité et d'inspiration, d'humilité et de majesté, et la flamme de son regard et le pathétique de son soudain silence et le rayonnement de sa parole consolatrice. « Une visite au Père Lacordaire... Il parle peu, mais en dit tant du regard ! Je lui trouve le front inspiré et resplendissant de saint Dominique... Rien n'est comparable à ce regard flamboyant d'intelligence, mais le plus beau est sa parole sainte et consolante... Le Père Lacordaire, avec son visage ascétique, humble et inspiré. »

Voici Barbey d'Aurevilly, qui déconcerte par cette union singulière de tant de relief et de tant de subtilité. Pourtant elle a signalé le jeu de ses coquetteries savantes, le mystère de son donjuanisme, et aussi l'éclat de ce Prince magnifique, et sa grâce hautaine et son air triomphant de conquistador aux audaces généreuses. « Que découvrir sur l'incompréhensible ? Dieu seul vous connaît. Oui, vous êtes un palais labyrinthe, un dérouteur, et sans ce côté qui vous liait à Maurice et où luit pour moi la lumière dans les ténèbres, je ne vous connaîtrais pas non plus : vous me feriez peur. Et cependant vous avez l'âme belle et bonne, honnête, dévouée, fidèle jusqu'à la mort, une vraie trempe de chevalier, et ce n'est pas seulement au-dedans... » L'âme de Barbey, ténébreuse et attirante, a été pénétrée à fond par cette âme de candeur et de loyauté. Mais, dans ce mélange de sympathie et de crainte, de dureté et d'admiration, il est facile de surprendre le secret d'un cœur fait pour la tendresse et capable de répandre les larmes d'Éloa.

Voici Henri de la Morvonnais, poète séduisant et facile, avec son charme d'élégie et sa grâce d'automne où s'attarde trop volontiers la jeunesse incertaine, et cette mélancolie trop pliante qui berce le cœur sans lui apporter le réconfort dont il a besoin. « Mon poète breton est bien le même nébuleux rêveur que par le passé, chantant vaguement dans le vague. J'ai une cousine à qui ces poésies feront fête ; c'est son charme, la gémissante douleur et de ne savoir où s'appuyer la tête. » Celle qui soutenait, dans, ses méditations, le tragique de saint Augustin, la majesté de Bossuet et le pathétique de Pascal n'a pas été insensible à la grâce de cette tendresse, mais elle a signalé le danger de la plainte inutile.

Insistons surtout, comme il convient, sur les jugements qui définissent l'œuvre des maîtres. Devant les génies les plus grands, cette âme simple mais héroïque traduit naïvement son émotion, et cette émotion trouve, sans y tâcher, les mots décisifs.

« Nul, comme Bossuet, n'a su rendre la mort frappante et solennelle : il vous atterre. Quel homme ! conduisant tout au cercueil. » Quelle force dans cette jeune fille qui contemple la grandeur de Bossuet et la traduit avec cette sobre magnificence ! Quel mélange de puissance et de modestie, — de modestie devant cette grandeur et de puissance dans cette manière aisée de la rendre. Parce que son vocabulaire est puisé aux grandes sources dans les livres des maîtres et les énergies de son cœur, elle retient la mâle simplicité des classiques. Donc elle utilise l'épithète pour rendre vivante une pensée vigoureuse, au lieu d'en faire l'ornement inutile d'une pensée médiocre ; elle prend et pose le verbe avec toute la saveur de son sens originel ; enfin pour rendre cet accent de Bossuet qui pourrait retentir sous les cyprès du cimetière, elle trouve cette image simple et grande, si frappante et solennelle : « Quel homme, conduisant tout au cercueil ! »

« Quel homme que Hugo ! Il est divin et il est infernal ; il est sage et il est fou ; il est peuple, il est roi ; il est homme, femme, peintre, poète, sculpteur : il est tout ; il a tout vu, tout fait, tout senti ; il m'étonne, me repousse et m'enchante. » A-t-on jamais rendu, dans une synthèse plus pleine, ce qu'il y a de touffu et d'indisciplinable dans l'œuvre de Victor Hugo : sa vigueur carrée de Latin et ses égarements dans la forêt de Shakespeare, — sa vulgarité qui déconcerte et sa grandeur qui impose le respect ; — sa douceur de femme dans la peinture de ses héroïnes, puis son air de Titan dans le portrait de ses Burgraves et le geste menaçant de son exil. Notons que ce jugement est de juillet 1838. Le poète n'a pas encore entendu les confidences de la Bouche d'ombre ni le silence de la solitude sur le rocher de Guernesey, mais le cœur d'Eugénie a senti le mystère et le pathétique de *Notre-Dame de Paris* et elle traduit son charme et son effroi devant cette âme démesurée qui se déploie dans la tendresse après avoir semé un vent d'épouvante.

Terminons par le jugement le plus nécessaire et le plus désiré. Signalons le jugement d'Eugénie sur Maurice : il jaillit de son âme torturée et il aura la terrible lucidité du cœur qui s'alarme. « Toujours me semble effrayant pour toi. Aigle indépendant et vagabond, comment te fixer dans ton aire ? » Qui parle ainsi ? Est-ce lord Byron qui proclame la ténacité de son orgueil et l'isolement de son byronisme ? Est-ce Chateaubriand qui évoque, dans ses *Mémoires*, l'âme tourmentée et frénétique de René de Chateaubriand ? C'est cette jeune fille qui définit, dans cette grande image, l'âme inapaisée du grand frère. Car elle a compris ce qu'il y avait de nostalgique dans ce cœur mystérieux et insatiable. Elle a vu et admiré l'éclat de cette puissance que toute limite afflige, mais elle a senti la tare profonde du grand mutilé, la fatalité de ce perpétuel vagabondage et la détresse de ce désir qui voulait s'égaler à l'élan du monde.

En décrivant le caractère d'Eugénie, nous avons montré, sous la modération de cette âme si claire, un élément de pathétique et des manifestations de grandeur. Les élans de l'énergie intellectuelle que nous venons de signaler nous ont révélé les énergies de la pénétration et cette aisance incomparable de la grâce unie à la force. N'avions-nous pas le droit de dire qu'il serait injuste de mesurer la puissance d'Eugénie à la modestie de ses aveux ?

CHAPITRE SIXIÈME

LA BEAUTÉ DE LA DOCTRINE MORALE

LA BEAUTÉ DE LA DOCTRINE MORALE

Les pensées éparses, quand elles n'obéissent pas au rythme d'une âme qui les mène au groupement, gardent l'air égaré de la solitude et de la mutilation.

Les pensées éparses, qui traduisent au contraire en aveux multipliés une affirmation essentielle, se rapprochent dans l'ordre vivant d'une architecture qui monte et composent un édifice moral où l'âme peut trouver un abri et un réconfort.

Ce caractère d'ordonnance et de logique est marqué dans le *Journal* : c'est pourquoi ce petit livre, qui semble formé de réflexions hâtives et de commentaires toujours arrêtés par le labeur quotidien, renferme une doctrine morale dont il convient de montrer la noblesse et la bienfaisante efficacité.

***

Toutes les œuvres fortes se construisent dans l'harmonie de l'unité, parce qu'elles suivent l'ordre d'une pensée maîtresse. L'œuvre d'Eugénie, qui unit la simplicité à la force, est dominée par une idée directrice, et cette idée directrice répand sa lumière sur un problème capital et trop négligé.

Les moralistes s'attachent d'ordinaire à montrer la puissance de la volonté. Ils espèrent ainsi offrir à l'âme fragile des hommes l'appui d'une force généreuse et le réconfort d'une espérance garantie par de beaux exploits. Cette exaltation de la volonté, dans les œuvres d'un Plutarque et d'un Corneille, se présente avec une magnificence dont il serait injuste de méconnaître la persuasive énergie.

Mais la sensibilité est une puissance subtile et bondissante qui s'échappe en d'imprévisibles départs et utilise en des apparitions soudaines les réserves innombrables de l'inconscient. Contre les ordres de la volonté elle oppose la résistance de son caprice, et, si la volonté commande, la sensibilité gouverne presque toujours notre cœur agité.

Pourtant, malgré les triomphes si fréquents

de cette puissance terrible, on néglige dans l'éducation la culture de la sensibilité. On se contente d'affirmer la primauté du vouloir. On ordonne aux sens révoltés d'obéir à cette primauté nécessaire, et on fonde son espoir sur la netteté des affirmations et la beauté des exemples offerts à la faiblesse. Seuls les médecins, de plus en plus effrayés par le ravage de ces désordres, multiplient les appels de leur expérience, mais ce cri d'alarme n'est pas entendu.

Eugénie de Guérin a constaté cette lacune et ces imprudences. Elle a signalé les dangers de cet oubli, et elle a montré la nécessité d'appuyer l'énergie de la volonté sur l'organisation de nos puissances sensibles. « En général nous sommes bien mal élevées, ce me semble, et tout contrairement à notre destinée. Nous qui devons tant souffrir, on nous laisse sans force : on ne cultive que nos nerfs. » Affirmation capitale que sa clairvoyance met en relief, parce que sa méditation s'est approfondie à cette lumière éblouissante et dure de la Douleur qui perce tous les voiles et montre la faiblesse de nos cœurs sous la pompe de nos proclamations. Parce qu'elle a souffert, parce qu'elle a plié sous la souffrance, parce qu'elle a voulu se redresser et vaincre cette souffrance accablante, Eugénie s'est attachée à consolider la force et à répandre les pensées excitatrices. C'est pourquoi, dans la mélancolie de sa solitude, le problème de la souffrance s'est imposé à son esprit comme le problème essentiel.

Le *Journal*, qui est un traité de la souffrance, apporte la manière de la dominer. Donc ne craignons pas d'affirmer la valeur philosophique de ce petit livre qui tiendra une place éminente dans l'éducation de nos filles quand on en comprendra la portée.

***

Le point de départ de cette doctrine est un fait d'expérience, et ce fait d'expérience est révélé par un sentiment quotidien que la vie impose sans cesse et prolonge indéfiniment : l'empire de la souffrance sur le cœur malheureux des humains.

Nous sommes désignés à la déception et à l'infortune. La vie est liée à la douleur, puisque la mort traverse la vie. Le bonheur est enveloppé de malheur, puisque l'aspiration ne connaît jamais l'apaisement. La joie s'achève dans la tristesse, puisque le cœur qui est insatiable se heurte à la nécessité des limitations. La souffrance est la compagne inévitable de notre destinée incertaine, et, quand elle se dissimule dans l'ombre pour laisser passer nos joies brèves, elle reparaît toujours avec une dureté que sa venue plus tardive rend plus insoutenable.

Cette affirmation primordiale, exprimée çà et là dans le *Journal* et la *Correspondance* d'Eugénie, forme le leitmotif de son chant douloureux. « La vie et la mort se touchent. » — « Inconcevables que nous sommes, rien ne peut nous contenter. » — « Notre âme entend de loin venir le malheur. » — « Pourquoi sommes-nous ainsi que tout ce qui nous touche nous fasse tressaillir ? » — « L'intelligence est, comme l'amour, toujours accompagnée de douleur. » — « Le fond de la vie est tout en noir et bien triste. » — « Ce monde n'est qu'un grand mortuaire. »

Puisque l'âme humaine est la proie toujours offerte à la douleur, la sagesse consiste d'abord dans l'acceptation de la souffrance, ensuite dans la force qui permettra de la dominer.

Il faut accepter la souffrance puisqu'elle est inévitable. Il faut s'accoutumer à la pensée de la souffrance, même quand la souffrance paraît écartée. Aux heures légères du bonheur, il faut se dire que la souffrance nous menace. Quand nous nous croyons hors de ses prises, dans l'égarement de cette joie imprudente qui ne craint pas de réclamer la complicité de l'univers, il faut nous répéter qu'elle s'approche de nous.

Et quand elle fond sur nous et nous dévaste et semble épuiser notre vertu d'espérance, il faut l'accueillir avec le calme de la force, comme le courage accepte la nécessité du combat. La confiance trop sûre d'elle-même et de la fortune a l'audace légère de la témérité ; mais la désespérance est un aveu de défaite. Évitons les imprudences de la vanité frivole, mais ne laissons jamais monter à nos lèvres la plainte de l'abdication et les paroles du désespoir.

Marie de Maistre, qu'Eugénie a tant aimée parce qu'elle voyait en elle l'amie consolatrice du grand frère désemparé, ressentait toutes les amertumes d'une âme qui se dévore dans un corps qui s'épuise. Toujours inquiète et toujours mourante, elle comparait sa vie à la mélancolie d'un « crépuscule orageux ». Avec la supplication de la fatigue qui aspire au repos, elle appelait la mort si tardive, et, après la vanité de la plainte, elle laissait échapper l'aveu de son désespoir. Mais l'amitié d'Eugénie veille sur cette malade qui va succomber à la souffrance. Elle se dresse et s'exprime avec le ton tranchant de la volonté qui survient et se porte au secours. En poussant un cri d'alarme, elle dit cet énergique : « Il ne faut pas », que nous avons peut-être prononcé et que nous avons sans doute entendu. Je plains ceux qui n'ont pas entendu ou prononcé cette parole solennelle, parce qu'ils n'ont pas ressenti la grande amitié et sa force héroïque. Écoutons la voix ardente de la tendresse impérieuse. « Je pense à cette effrayante faculté de souffrir que vous avez en vous. Je crains qu'au lieu de vous soumettre avec résignation, vous ne vous abattiez par désespoir. Ce mot est dans votre lettre. Je ne l'aime pas. Dieu ne le veut pas dans une bouche chrétienne, l'affreux désespoir. C'est de la langue de l'enfer. Ne le dites plus, je vous prie. »

Il faut souffrir. Il faut savoir souffrir. Il ne faut jamais abattre dans le désespoir l'énergie qui doit vaincre la souffrance.

***

Contre le malheur toujours suspendu et la souffrance toujours menaçante, l'homme doit élever une doctrine qui oppose à ces assauts la protection d'un inexpugnable rempart.

La doctrine morale d'Eugénie de Guérin paraîtra solide, parce qu'elle ne se contente pas d'affirmer, avec la nécessité de la victoire, les décisions de la sagesse. Elle est bâtie sur un sentiment essentiel qui jaillit des profondeurs de la vie comme une source intarissable, — et ce sentiment est fortifié par l'expérience, comme une source est sans cesse entretenue par l'arrivée des ondes nouvelles et l'abondance des affluents.

Cette énergie intérieure, qui peut soutenir et alimenter notre cœur affligé, est le sentiment de la puissance de l'âme humaine. Puissance souveraine et invincible, — souveraine si nous la laissons épanouir ses richesses, — invincible si nous ne la trahissons pas. Pourquoi arrêtons-nous ces épanouissements magnifiques ? Pourquoi délaissons-nous cette énergie qui présente son étendard dans un vent de victoire et nous offre son bouclier pour écarter tous les coups ?

Nous avons vu, dans le chapitre précédent, qu'Eugénie a proclamé que l'âme est une force dont le rayonnement est inépuisable. Force qui étonne notre raison fragile par l'impétuosité de ses élans, car elle échappe aux servitudes du Temps et de l'Espace ! Force toujours prête aux conquêtes, parce qu'elle est capable d'ignorer l'usure ! Rattachée à ses sources, elle jaillit comme un talisman intangible.

De là cette grandeur humaine qui nous console de notre misère et devrait nous dérober aux lâchetés de la fadeur et de l'abdication. Car cette âme douée de cette puissance d'expansion connaît les joies les plus glorieuses en déployant une énergie de vision qui perce les ténèbres de l'ignorance et anéantit l'inquiétude. L'éclat de ces visions nous initie à des vérités que la raison désire et ne connaît pas. La soudaineté de ces découvertes nous élève dans ces régions du sublime où notre cœur peut apaiser la douleur de tous ses tourments.

Cette âme qui « perçoit plus qu'elle ne reçoit », et qui « devine ce qu'elle n'a pas trouvé » possède un pouvoir d'illumination qui accroît le sentiment de la Beauté en signalant les vérités essentielles. En se répandant, elle simplifie et purifie et surélève. Car cette effusion n'est pas le jeu d'une invention arbitraire ni un décor artificiel et juxtaposé. Elle éclaire le monde en révélant ce qui paraît assombri aux regards fanés et aux sensibilités éteintes. Elle retrouve dans les choses les merveilles de sa vie intérieure, parce que cette vision pénètre les beautés profondes que les apparences recouvrent et qui brillent aux yeux rafraîchis dans la fraîcheur des sources. A l'âme tout semble beau, parce que tout est divin. Devant l'âme tout brille, parce que l'âme est divine. « Que de beautés sous une mousse, et, si je veux, dans cette chambre inélégante et glacée ! »

La vie de l'âme, que traverse le bruit du murmure universel, est infiniment nuancée et mouvante. Une extrême agitation la soulève dans le souffle tumultueux des vents de la vie et la soumet à l'empire de la souffrance. Mais cette agitation, qui l'expose à tous les coups de la douleur, révèle aussi une agilité surprenante qui peut devenir victorieuse, car cette mobilité de flamme et cette soudaineté d'éclair apparaissent dans ce don de rebondissement et ces ouvertures étincelantes qui soulèvent le cœur jusqu'à Dieu. Alors cette âme trouve les pensées simples et fortes qui achèvent le trouble dans le calme.

***

Cette doctrine morale repose donc sur une philosophie efficace, puisqu'elle exprime les mouvements les plus profonds de la vie intérieure et s'appuie sur les aveux d'un cœur qui a ressenti les ébranlements de l'infortune avant les joies du redressement.

La solidité des assises garantit la durée de la construction. Le monument s'élève dans l'harmonie, quand il est soutenu par des fondations inébranlables. Ainsi la racine vivace des arbres détermine la puissance du tronc et le jeu des branches et la richesse des frondaisons qui s'épanouissent en fleurs et en fruits.

Affirmons la force de l'âme qui est le privilège offert à la grandeur de notre destin, et maintenons la robustesse de cette affirmation qui soulève l'espérance. Mais, en même temps, et avec une égale assurance, proclamons que cette force intérieure est toujours menacée. Les surprises de l'aventure quotidienne montrent, par le spectacle de nos misères, la fréquente vanité de ces verbales protestations et leur donnent l'arrogance un peu ridicule des rodomontades. Opposons, dans la lumière des contrastes, nos volontés vagabondes à la beauté de ces préceptes qui projettent sur notre instabilité le formidable rayonnement du permanent et de l'infini. Avant de nous glorifier de la puissance humaine et de la victoire de quelques héros, faisons l'aveu de notre faiblesse, et comprenons la nécessité de soutenir un édifice si fragile en l'entourant de contreforts toujours surveillés.

Cette énergie de l'âme, qui peut être si forte ou si défaillante, sera garantie par la culture de la volonté, et la culture de la volonté sera décisive, si elle s'adapte aux conseils de l'expérience morale. La vie doit être à la fois le soutien, la vérification et l'illustration de la doctrine.

Un grand moraliste italien, Francesco Orestano, qui descend de Vauvenargues et remonte à Platon, nous disait récemment dans un livre de *Pensées* qui offre à nos méditations une matière inépuisable : « La Volonté est une technique. Volontà è anche una tecnica. » C'est le mérite d'Eugénie de Guérin d'avoir montré la nécessité de ces exercices quotidiens, puisqu'elle appuie sa morale sur l'observation de cette technique volontaire et sur une thérapeutique de la Sensibilité.

***

Exposons les effets de cette expérience morale en indiquant les conseils de cette thérapeutique.

Notre existence est incertaine et se dépense dans la recherche et l'agitation, si elle n'obéit pas d'abord à la loi de l'ordre qui impose le rythme de la mesure éternelle. Car la vie est la manifestation de l'ordre, et l'ordre est le triomphe de la mesure. Imposons à notre sensibilité, toujours ouverte aux fluctuations du désir, la douceur de ce mouvement bienfaisant, et nous éviterons le malaise de l'incertitude et l'épouvante d'une âme en déroute.

L'ordre est le grand redresseur des sensibilités affaiblies et le grand constructeur des sensibilités résistantes. En écartant les folies de la turbulence et le trouble de la fièvre, il maintient la discipline nécessaire à la sûreté des élans vainqueurs. S'il ne crée pas le mouvement qui doit venir des sources profondes, il l'empêche de s'égarer. Ainsi l'ordre assure le calme qui favorise la force, et il garantit l'efficacité des énergies centrales en les dérobant aux divagations des tendances qui se déchaînent.

Une sensibilité désordonnée connaît toujours la douleur des défaillances dans la honte des trahisons, parce qu'elle n'est pas capable de diriger son empire. Une sensibilité ordonnée peut toujours se dépasser elle-même, parce qu'elle se meut au rythme de l'élan, qui part de la source, prolonge le bond primitif de la source et se déploie sur des régions de plus en plus élargies.

Donc la pédagogie doit être la culture du sens de l'ordre, jusqu'à ce qu'il prenne la force invincible d'un besoin primitif et essentiel. Heureux ceux qui vivent dans ce désir toujours grandissant, parce qu'il révèle sa force en devenant une passion aux inusables voluptés ! Et quelle tristesse de constater que le résultat de l'éducation est le plus souvent d'apporter le désordre dans les sensibilités qu'on n'a pas su atteindre et le chaos dans les pensées qu'on n'a pas pu fixer sur les vérités décisives ! On se surprend alors à regretter les bénéfices de l'ignorance, car rien n'est plus dangereux qu'un esprit ouvert et déformé.

Eugénie a compris la puissance de l'ordre, et elle en signale les conditions avec insistance :

« Il y a repos dans cette vie mesurée, dans

cet enchaînement de devoirs, d'études, de prières, de délassements. »

« J'éprouve contradiction, malaise de ne pas faire les choses suivant leur temps et leur ordre. »

« La tranquillité de l'ordre, chose admirable et rare ! »

« L'harmonie a tant de charmes ! et ce n'est que l'accord des choses qui s'appellent et se suivent. »

L'ordre réclame l'attention obstinée d'une discipline quotidienne. Notre sensibilité reste hasardeuse, si elle n'est pas soumise à un contrôle permanent. Les préceptes généraux se ramènent vite au bruit des mots inutiles qui se dissolvent dans la mollesse : il faut qu'ils provoquent des actes qui en offrent la vérification lumineuse. Une loi serait une force suspendue et chimérique, si elle ne se manifestait pas en créant la réalité des choses. Un principe ne serait qu'une formule sonore, s'il ne construisait pas, dans les faits de notre vie, un édifice moral. Ici encore l'expérience d'Eugénie l'induit à des remarques dont elle a éprouvé l'efficacité. C'est pourquoi ses conseils ont le son émouvant de la souffrance qui a trouvé une discipline. « Je ne sais quoi m'attriste, me tient dans la langueur aujourd'hui. Pauvre âme, qu'as-tu donc ? que te faut-il ? Où est ton remède ? Tout verdit, tout fleurit, tout chante, tout l'air est embaumé comme s'il sortait d'une fleur .Oh ! c'est si beau ! allons dehors. Non, je serais seule et la belle solitude ne vaut rien. Ève le fit voir dans Éden. Que faire donc ! Lire, écrire, prier, prendre une corbeille de sable sur la tête comme ce solitaire et marcher. Oui, le travail, le travail ! occuper le corps qui nuit à l'âme. Je suis demeurée trop tranquille aujourd'hui, ce qui fait mal, ce qui donne le temps de croupir à un certain ennui qui est en moi. »

Le goût de l'ordre prouvera donc sa puissance en repoussant les adversaires qui menacent toujours notre sensibilité si instable. Deux sentiments nous assiègent pour amortir notre élasticité intérieure et enchaîner notre liberté. Quand ils surviennent, ils nous laissent dans la fadeur. Alors l'éclat de la vie, — cet éclat où se déploie la force parce qu'il est le rayonnement de la force — se ternit soudain, et notre âme est morose, et la réalité se recouvre d'images traînantes. Ces deux sentiments, toujours menaçants parce qu'ils sont amenés par la fatigue et la déception, sont l'ennui et la tristesse. L'ennui est un dissolvant meurtrier et la tristesse est un accablant fardeau. Contre l'ennui qui désagrège et la tristesse qui opprime, il faut lutter avec une attention infatigable. Donc Eugénie multipliera ses appels à l'ordre, en signalant les dangers de cette dépression et de cette torpeur.

« Oh ! l'ennui ! l'influence la plus maligne, la plus tenace, la plus emmaisonnée, qui rentre par une porte quand on l'a chassée par l'autre, qui donne tant d'exercice pour ne pas la laisser maîtresse du logis. »

« L'ennui est le plus terrible ennemi de l'âme, le démon des solitaires. »

« C'est une passion que la tristesse, et qui consume, hélas ! bien des vies. Je regarde à peu près comme perdus ceux qu'elle possède. »

« Écartons la tristesse, cette tristesse consumante qui détruit le cœur, n'y laissant ni force ni vie. »

***

L'ordre consolide et garantit la faiblesse. Il écarte les causes de dislocation. Il donne ces habitudes solides qui préviennent les commotions du désir et les désastres de la sensibilité. Il est l'armature de la force. Mais l'ordre qui maintient la force doit être animé par une énergie intérieure où la force trouve sa source, son besoin d'épanouissement, son élan de conquête. Donc il faut trouver et développer en soi cette énergie conquérante.

Ici encore le point de départ de la pensée d'Eugénie de Guérin est une affirmation de puissance. Cette grande âme, illuminée par sa propre splendeur, lit au fond d'elle, en caractères de feu, les ordres impérieux dictés par sa volonté. Donc elle déclare que la volonté est une puissance souveraine qui peut établir la souveraineté de son empire.

« La volonté, quel levier ! L'homme qui s'en sert peut soulever le monde et se porter lui-même jusqu'au ciel. Noble et sainte faculté qui fait les grands génies, les saints, les héros, les intelligences supérieures. »

Mais Eugénie éclaire toujours sa doctrine à la lumière de l'expérience. Elle se désire inébranlable, donc elle se veut garantie ; car elle n'ignore pas la pesée du chagrin sur le cœur dévasté. Comment préserver cette puissance dominatrice contre les ébranlements de l'émotion et les secousses du malheur ?

Avec une cohérence qui se prolonge et montre la rigueur de la doctrine dans l'unité de la pensée directrice, Eugénie nous annonce que la volonté sera maintenue par l'enrichissement des forces sentimentales. Il s'agit en effet de comprendre que la volonté sera invincible si la sensibilité est bien dirigée dans l'abondance de ses ressources qui sont inépuisables. Le problème de la morale se confond de plus en plus avec le problème de la souffrance, et la culture de la volonté se lie à l'affermissement de la sensibilité même qu'il faut surveiller, prémunir et préparer aux fécondes exaltations. « Je me sens dans le cœur tout ce que je vois dans les autres ; le même levain est dans tous, mais il monte différemment suivant les circonstances et la volonté, car le vouloir est pour beaucoup dans le développement du cœur. On l'aide à être bon ou mauvais, à peu près comme un enfant qu'on élève. »

***

Pour échapper à l'épuisement qu'amène la souffrance et à la dissolution qui suit le désordre, il faut écarter d'abord la plus grave des erreurs humaines : cette confusion que l'orgueil humain établit si imprudemment entre l'indépendance et la liberté. Nous recherchons l'indépendance et nous croyons la trouver dans le déchaînement de l'indiscipline. Nous ignorons que cette indépendance est une fantaisie vagabonde et toujours exposée. Nous ne comprenons pas que le bonheur de l'indépendance ressemble au tournoiement d'une feuille roulée par les vents. Si nous ne dépendons pas d'une loi assurée, nous dépendrons de notre caprice, et le caprice, qui est le plus inconstant des conseillers, devient le plus tyrannique des maîtres. Sachons que la liberté véritable est une indépendance soumise à l'ordre, qu'une sensibilité ordonnée échappe toujours au vertige, — et qu'une volonté qui se gouverne trouve le calme et la joie, car le bonheur n'est pas dans le désarroi de l'indépendance, mais dans la paix de la discipline. « Il semble que le bonheur soit dans l'indépendance, et c'est le contraire. »

Pour dérober la sensibilité à la fatalité de l'usure, il faut assurer l'exercice de la liberté véritable et garantir le jaillissement de sa source. Cette énergie alerte, où l'âme réalise ce qu'elle veut avec l'éclat de ce qu'elle sent, trouve sa meilleure force d'élan dans les ardeurs du don de soi. Notre sensibilité s'élargit avec notre liberté même, et notre force de liberté croît avec notre puissance de dévouement. Cette maxime n'est pas la solution imposée par la raison impérieuse ni l'expression d'un idéal entrevu en songe. Elle doit être prise comme l'affirmation la plus contrôlée de l'expérience quotidienne. Le bonheur fondé sur l'égoïsme est toujours illusoire, car il subit le trouble apporté par des puissances extérieures et toujours menaçantes. La joie véritable, toujours calme et sûre, se révèle dans les générosités du sacrifice. « Il manque à beaucoup de ne se vouer à rien. »

Ce sentiment de la liberté véritable et ce goût de l'énergie créatrice dans les effusions du don de soi seront fortifiés par une méthode de dilatation à la fois intellectuelle et sentimentale. Car la sensibilité est la victime des erreurs de l'intelligence. Notre cœur est fragile quand notre pensée est confuse. En dilatant l'intelligence, on épanouit la sensibilité. La sensibilité et la raison sont deux forces qui se contrôlent et s'exaltent.

Cette dilatation n'est pas nécessairement le déploiement de l'âme dans les arcanes de la science humaine ; elle est surtout apportée par l'habitude de sentir parmi les hauteurs. Il ne suffit pas de savoir beaucoup pour trouver le rythme de la sagesse. La science a souvent montré qu'elle est aveugle et dure et aussi disposée à guider la violence qu'à protéger la justice. Un scandale insoutenable est dans l'union si fréquente du savoir et de la sottise, du raffinement et de la barbarie, de l'art et de la dépravation. Les décisions du bon sens ont des lueurs fécondes et révélatrices de synthèses dont la justesse étonne les lenteurs de la pensée discursive. Si on habitue l'esprit à cette vision de la beauté des choses qui s'offre à tous les regards et à cette compréhension de l'architecture du monde qui s'impose à l'admiration de toutes les pensées, il éprouve vite le mélange émouvant de la sérénité et de la force. Ne soyons pas surpris si la science des hommes, qui ne suit pas toujours le plan de la beauté, est souvent si vaine ; et comprenons que l'ignorance puisse avoir des clartés soudaines et de plongeantes intuitions.

Pour affaiblir l'égoïsme trompeur qui nous rattache aux petitesses et enchaîne notre liberté, Eugénie a recommandé ces mouvements d'expansion qui agrandissent la sensibilité. « Regardons en haut, fixons les cieux, les étoiles ; passons de là aux cieux qui ne passeront pas. La contemplation de la nature mène là ; des objets sensibles l'âme monte aux régions de la foi et voit la création d'en haut, et le monde alors paraît tout différent. »

***

Alors s'exerce peu à peu le sens du permanent et de l'universel. Habituons-nous à distinguer le passager et l'inépuisable. Fermons les yeux pour oublier l'apparence et saisir les choses qui durent et dureront. L'expérience nous apprend que l'individuel est illusoire et que tout ce qui passe est bien court. Nos sentiments les meilleurs connaissent à la longue la fatigue de l'usure et le dissolvant des séparations. A ces sentiments qui vacillent, associons le réconfort d'un sentiment qui ne tremble pas. Ainsi nous éviterons les surprises de la déception, les amertumes de la défaite, cette vision du néant qui s'ouvre devant l'espoir délabré.

Mais qu'il est difficile de faire triompher sur le charme toujours renouvelé de nos désirs individuels la volonté sans visage de l'universel et du permanent ! Et que ces mots : l'universel et le permanent, roulent sourdement sur nos cœurs dévastés ! Qu'ils paraissent mornes et vagues dans la solitude de la détresse ! Combien le conseil qu'ils font entendre, quand nos amertumes se plaignent, nous semble perdu et tragique ! Donc faisons de plus en plus appel aux ressources de la sensibilité et à la chaleur de ce foyer intérieur que notre imprudence néglige, et que traverse le feu toujours brûlant de l'énergie des mondes. Ce sens du permanent s'anime et se confond avec le sentiment du divin, et les abstractions du langage métaphysique, si ternes et glacées, se recouvrent soudain de la splendeur des Idées qui sont les figures vivantes et présentes de Dieu.

Ce sentiment du divin nous donne cet esprit de synthèse qui élargit la pensée et réchauffe le cœur. Il n'est pas toujours le privilège du savoir. Il est le plus souvent la récompense et l'illumination de la simplicité et de la droiture. Eugénie a souvent noté dans l'ignorance apparente des âmes simples ce don de sympathie et cette puissance d'émerveillement qui sont des forces révélatrices : « Une paysanne, la vieille Rose Durel, vient de mourir... On trouvait en elle quelque chose au-dessus de l'éducation la plus haute... Maurice la vénérait comme une femme patriarcale. »

Ce sentiment du divin nous place en présence de Dieu. Alors la volonté humaine s'unit à la volonté divine. Quelle puissance éclate en celui qui sent sa volonté divinisée ! Quelle majesté dans la grâce de l'enfant qui appelle la bonté divine ! Quelle noblesse dans la sérénité du vieillard qui se prépare à écouter Dieu ! Cette émotion religieuse, en associant le charme de l'apaisement à l'énergie de l'exaltation, apporte le bonheur tranquille dans l'union de ces deux sentiments : l'ardeur et la douceur, — la douceur d'une force qui a trouvé l'harmonie, — l'ardeur d'une énergie sûre de son déploiement. « Dans cette acceptation, dans cette libre union de la volonté humaine à la volonté divine est l'acte le plus sublime d'une pauvre créature. » — « La raison des choses est en Dieu. Se soumettre à ce qui advient, c'est unir notre volonté à la sienne, c'est la diviniser... Cet acte d'acceptation est tout de foi, il porte tout à coup de la terre au ciel. »

***

On voit que cette organisation des puissances de l'âme aboutit à la prière. L'effusion en Dieu est le mouvement naturel de toute pensée qui, partant de la souffrance, se fortifie dans l'acceptation et se soulève vers la force et vers l'harmonie. Ainsi la culture de la sensibilité s'achève dans la culture, à la fois méthodique et enthousiaste, de l'amour de Dieu. Pour Bossuet, Dieu se révèle dans la majesté de sa toute-puissance. Pour Fénelon, Dieu s'insinue et se manifeste par la grâce irrésistible de sa beauté. Pour Eugénie de Guérin qui a suivi, avec la ferveur de Philothée, l'enseignement de saint François de Sales, Dieu est surtout la puissance infinie d'aimer, la souffrance divinisée, l'amour absolu qui se prouve par l'absolu sacrifice. Alors ce Dieu, qui est le Dieu de la miséricorde, devient, par la douceur infinie de cet amour victorieux, la force qui apporte la sérénité et la certitude. C'est pourquoi cet enrichissement progressif de la sensibilité se termine par une effusion divine. « Les âmes religieuses, celles qui rentrent en Dieu, sont les seules qui trouvent quelque apaisement dans la vie... Sur un fond triste nage un calme divin, une suavité que Dieu seul peut faire. »

C'est la suprême leçon qu'Eugénie nous apporte. Elle nous montre les conditions et l'efficacité de la prière. Car la prière n'est pas simplement le mouvement instinctif de la faiblesse vers la toute puissance. Il ne suffit pas de se sentir faible pour obtenir l'appui de la force. Il faut d'abord que cette faiblesse se constate et se donne la peine de souffrir et s'impose le labeur douloureux de l'amélioration. Dieu ne s'offre qu'à ceux qui ont été émus de leur propre faiblesse et en ressentent une cuisante douleur. Dieu ne se donne qu'au moment où cette douleur devient insoutenable. Alors il apparaît et la souffrance s'apaise, si Dieu est invoqué non seulement pour calmer la douleur, mais pour soutenir la fatigue qui n'a pas reculé devant le combat et mener au triomphe cette faiblesse qui se sait faible et qui se veut forte. Eugénie nous apprend à prier. Elle a souffert les pires souffrances. Elle a supporté le dur martyre de la volonté qui lutte et se tourmente et veut dominer. Elle a surveillé et approfondi sa vie intérieure en lui imposant le rythme de l'ordre et l'habitude des pensées sur les sommets de l'âme. Enfin elle a trouvé dans la prière la force de l'amour vainqueur.

***

En décrivant le mouvement naturel de son cœur meurtri par l'infortune et guéri par la discipline de la vie volontaire, Eugénie de Guérin nous a donné une thérapeutique de la sensibilité.

Elle a souffert, et elle a voulu explorer la vie profonde de la souffrance. Elle a constaté les effets de la mélancolie, et elle a recherché la puissance informatrice de la douleur. Elle a connu l'angoisse de la détresse, et elle s'est imposé l'élan de l'exaltation.

Ainsi, en exposant sa vie intérieure, elle a su accomplir une œuvre de philosophe. C'est pourquoi, dans ce livre émouvant comme un chant lyrique et redressant comme un exercice spirituel, nous avons constaté l'association merveilleuse de la tendresse et de la force, de la simplicité et de la puissance, de la douleur et de la sérénité.

CHAPITRE SEPTIÈME

LE RYTHME DE MAINE DE BIRAN : DE LA SOUFFRANCE A LA SÉRÉNITÉ

LE RYTHME DE MAINE DE BIRAN : DE LA SOUFFRANCE A LA SÉRÉNITÉ

La qualité d'une pensée se mesure à la profondeur de l'écho qu'elle éveille au fond de nos âmes. Quand on lit le *Moïse* de Vigny, les versets de la Bible accourent et retentissent. Quand on écoute les *Harmonies* de Lamartine, on entend le bruit d'ailes de l'âme platonicienne qui s'élance vers les sommets de la dialectique de l'Amour.

En lisant le *Journal* d'Eugénie de Guérin et en méditant sur la beauté de sa doctrine, on pense à la philosophie de Maine de Biran qui apporte à l'âme inquiète et mouvante des hommes la fermeté d'un ordre qui garantit la victoire. C'est pourquoi l'œuvre d'Eugénie, comme celle de Maine de Biran, est la peinture d'une âme qui monte de la souffrance à la sérénité.

***

Pouvons-nous donc prétendre que l'esprit d'Eugénie est marqué par l'empreinte de Maine de Biran ? Si elle l'avait imité, nous n'hésiterions pas à le dire, sans diminuer la valeur de sa doctrine morale. Lorsqu'une pensée personnelle suit le mouvement d'une pensée étrangère, elle montre, dans la spontanéité de sa marche, qu'elle ne se plie pas avec un art difficile aux adresses de l'imitation ; car cette imitation laborieuse, qui trahit toujours l'incertitude, serait lourde et criarde comme l'artifice. Quand une âme forte se prête à l'action d'une âme forte, elle accueille avec la confiance de l'amitié une force amicale qui se joint à sa force et une beauté fraternelle qui s'insinue dans la grâce naturelle de sa beauté. Elle n'emprunte pas, puisqu'elle unit sa richesse à la richesse. Elle ne s'adapte pas, puisqu'elle se retrouve. Elle n'imite pas, puisqu'elle s'épanouit. Elle se plaît à mêler le courant de sa source au flot de l'onde qu'elle a rencontrée. Ainsi, dans l'œuvre des maîtres, — de Molière et de Racine, de La Fontaine et de Chénier, — l'imitation est toujours l'occasion d'une création personnelle et le premier élan d'une exaltation où se révèle la grandeur.

Dans la reprise des mêmes thèmes et souvent des mêmes images, ils montrent une assurance royale et ils se déploient avec l'audace magnifique de la candeur. Qu'ils seraient donc surpris, s'ils étaient mis en présence des recherches de notre critique et de notre conception si scolaire de l'originalité !

Eugénie de Guérin n'a pas connu Maine de Biran. D'abord ce grand philosophe, qui a tracé dans la pensée humaine un sillon nouveau et aussi profond que le sillon cartésien, a été sans doute signalé par l'admiration de Victor Cousin, mais il a été surtout révélé, dans l'éclat de ses découvertes, par la pensée aimante et forte de Félix Ravaisson. Ensuite la doctrine d'Eugénie ressemble moins à l'œuvre éditée par Maine de Biran qu'à son œuvre posthume, à ce *Journal intime* si émouvant, publié en 1875 par Ernest Naville. Enfin nous possédons le catalogue de la bibliothèque d'Eugénie : quelques livres de piété sans cesse relus dans les prières quotidiennes, — puis Corneille, Racine et Shakespeare, — les *Méditations* et les *Harmonies* de Lamartine, — les poèmes d'Ossian, les *Fiancés* de Manzoni et le *Vicaire de Wakefield*, — les poésies de Chénier et l'*Allemagne* de Madame de Staël, — les morceaux choisis de Buffon et les *Élégies* de Millevoye, — enfin, parmi les philosophes, l'*Introduction à la vie dévote*, de saint François de Sales, et ces deux livres, qui sont les chefs-d'œuvre de Bossuet : les *Méditations sur l'Évangile* et les *Élévations sur les Mystères*. — Je cherche et ne trouve pas les œuvres de Maine de Biran. Pauvre bibliothèque, si on la compare à l'appareil formidable de nos bibliothèques encombrées ! Bibliothèque riche et vénérable, puisqu'elle a soutenu l'essor d'une pensée si belle ! En fait nous lisons trop de livres et nous plions sous l'amas de tant de contradictions. Imprudents que nous sommes ! Avec l'avidité de nos esprits vagabonds, nous nous égarons dans le médiocre et dans l'inutile, et nous ne comprenons pas que nous serions moins divergents et plus robustes, si nous avions le courage de maintenir notre pensée sur la méditation de l'essentiel.

Eugénie de Guérin, qui a eu ce courage, a pu préserver en elle la grâce de la fraîcheur, le tact de la sensibilité, la richesse d'intuition des âmes simples et droites.

Mais l'esprit le plus puissant a besoin de trouver, dans l'élan d'une secousse initiale, la mise en action de sa force et le mouvement de son rythme intérieur. On peut dire que les deux livres de Bossuet, si souvent repris et si longuement médités, ont donné cet ébranlement nécessaire. Reprenons à notre tour ces deux livres et recueillons les paroles qui ont dû retentir dans le silence du Cayla. Elles sillonnent, en traits de feu, l'esprit d'Eugénie et organisent ce paysage moral qui se compose dans la lumière.

Bossuet médite sur l'Évangile :

« Recueillons-nous sous les yeux de Dieu ; rentrons en nous-même par une profonde connaissance de notre impuissance. »

« Soyons recueillis et intérieurs, parce que c'est au-dedans que nous parle notre docteur. Homme ! où courez-vous d'affaire en affaire, de distraction en distraction, de trouble en trouble ? Vous vous fuyez vous-même. »

« Que l'âme soit soigneuse de se recueillir en elle-même ; car c'est là qu'elle trouve Dieu qui est sa force. Si elle se dissipe, si elle court, Dieu sera ébranlé au milieu d'elle. Demeurez donc uni à vous même et à Dieu qui est en vous ; il ne s'ébranlera pas au milieu de vous. »

« Quand je ne sais quoi nous dit dans le cœur que nous ne voulons que Dieu, et que tout le reste nous est en horreur : alors Dieu se fait sentir. »

« Plus on serre les choses glissantes, plus elles échappent. La nature du monde est de glisser, de passer vite, d'aller en fumée, en néant. Mais le monde veut s'imaginer que c'est cela qui est. »

« Ce qui est véritable, c'est ce qui demeure. Ce qui passe tient plus du néant que de l'être. »

« Il y a un fond dans la nature qui sent qu'il a besoin de posséder Dieu ; et que lui seul étant capable de la rassasier, elle ne peut que s'inquiéter et se tourmenter elle-même loin de lui... Au milieu des autres biens, nous sentons ce vide inévitable. »

« Ne vous repaissez pas de la plus haute contemplation, encore moins des spéculations inutiles : venez aux moyens et aux vérités de pratique. Sachez que l'amour n'est pas dans la spéculation ni dans les discours. »

« Chrétien, ne perds pas courage, lorsque le crime et les injustices abondent. Dieu ne permettrait jamais le mal s'il n'était puissant pour en tirer le bien, et lorsque l'iniquité abonde le plus, c'est alors qu'il trouve moyen d'accroître sa gloire. »

« Chrétien, ne perds pas courage non plus quand tu es livré aux plus terribles angoisses : c'est encore de cette source que doit naître ta grande gloire et la grande gloire de Dieu. »

Ces paroles solennelles de Bossuet résonnent, avec un pathétique d'oracle, dans le vallon du Cayla et répandent sur la mélancolie de la solitaire la secousse soudaine du redressement. Et Eugénie, qui a médité ces méditations, remonte auprès de son guide et l'accompagne dans ses *Élévations sur les Mystères.*

« Taisez-vous, pensées humaines. Homme, viens te recueillir dans l'intime de ton intime et conçois dans ce silence profond ce que c'est que d'être dans le vrai. »

« Apprenons que ce n'est pas dans la science, mais dans la soumission que consiste la perfection. »

« La sagesse humaine apprend beaucoup si elle apprend à se taire. »

« L'amour est l'union de notre âme avec la vérité qui est son objet : la vérité, c'est Dieu même. »

« Élevons-nous aux lieux hauts, à la plus sublime partie de nous-mêmes ; élevons-nous au-dessus de nous et cherchons Dieu en lui-même. »

« L'esprit de Dieu n'habite pas dans la commotion et l'ébranlement. »

« Le très pur ne s'unit qu'à la pureté. »

« Tout est vie dans le Verbe, qui est l'idée sur laquelle le grand Architecte a fait le monde. Tout y est vie, parce que tout y est sagesse. Tout y est sagesse parce que tout y est ordonné et mis en son rang. L'ordre est une espèce de vie de l'univers. »

« Que de vertus doivent naître de ce commerce avec Dieu et avec son verbe ! Quelle humilité, quelle abnégation de soi-même ! Quelle cordialité ! Quelle candeur ! »

« Toute bonne pensée, qui nous vient, a toujours son précurseur. Ce n'est point une maladie, une perte, une affliction qui nous sauve par elle-même. C'est un précurseur de quelque chose de mieux. Je méprise le monde, je m'en dégoûte : ce dégoût est le précurseur de l'attrait céleste qui m'unit à Dieu. Cette profonde mélancolie où je suis jeté, je ne sais comment, dans les détresses de cette vie, est un précurseur qui me prépare à la lumière. Viendra tout à coup le trait divin, qui, préparé de cette manière, fera son effet. »

« C'est aux supérieurs à descendre, à prévenir... ! Ne prenons pas ces tons superbes et avantageux. »

« Homme ! que vous êtes vain, et que vaine est l'ostentation qui vous presse à faire valoir, aux yeux des hommes aussi vains que vous, tous vos faibles avantages. »

« Ayons un courage royal. N'ayons que de grandes pensées. Soyons magnanimes, magnifiques. Aspirons à ce qu'il y a de plus haut. Sortons de l'enceinte des choses présentes ; remplissons-nous des choses futures ; ne respirons que l'éternité. »

« Dieu veut que nous soyons coopérateurs de sa sagesse et de sa puissance. »

« S'élever à celui qui luit parmi les ténèbres ! »

Guidée par cette voix retentissante, l'âme d'Eugénie se recueille et s'exalte, car, dans ces âmes tournées vers la grandeur, le recueillement éveille l'ardeur de l'exaltation. Alors son monde intérieur s'agite, et elle construit l'ordre souverain qu'impose le désir de son âme.

Or il se trouve que cet ordre reproduit le mouvement même de la pensée de Maine de Biran. Par une correspondance merveilleuse qui signale la fraternité des cœurs, le *Journal* d'Eugénie composé de 1834 à 1840 nous apporte comme le résumé éclatant du journal posthume de Maine de Biran édité en 1875. C'est d'abord le même murmure de la sensibilité qui s'alarme et le même désarroi dans les assauts de la douleur, — puis la même affirmation de la grandeur humaine et la même confiance dans la solidité de la raison et les triomphes de la volonté, — enfin le même désenchantement devant la fragilité de nos forces, et le même élan, dans la prière, vers la puissance et la bonté de Dieu.

D'abord, dans le journal d'Eugénie comme dans celui de Maine de Biran, on trouve ce mélange si fécond de pénétration et d'ingénuité qui explique la portée générale de ces confidences individuelles. L'âme se regarde et se juge : mais la force de ce regard est si étendue et la sérénité de ce jugement est si profonde que les remarques personnelles s'achèvent dans l'ampleur des raisons permanentes et des universelles observations. Ainsi le gémissement d'un cœur qui souffre devient la plainte de l'humanité. Certes nous n'ignorons pas et nous avons déjà dit qu'Eugénie se dérobe, dans la grâce de sa modestie, aux attitudes surveillées de la pensée qui sait qu'elle pense. Tout ce qui vient de son cœur et de son esprit sort d'une source vive et se montre avec le charme de l'effusion. Mais, si elle n'apparaît jamais avec l'air anxieux des laboratoires, elle révèle souvent la netteté de la puissance et la force de la gravité.

Maine de Biran souffre de voir son âme incertaine se plier si aisément aux changements de l'air et aux apparences mobiles du paysage : « Froid sec ; vent du Nord desséchant. Je suis, tous ces jours, dans un état nerveux, souffrant, ennuyé, ayant un sentiment intime et radical de faiblesse. » — « Je m'amuse souvent à voir couler les diverses situations de mon âme : elles sont comme les flots d'une rivière, tantôt calmes, tantôt agitées, mais toujours se succédant sans aucune permanence. » — « J'ai des sens extrêmement variables, dans leur activité ou leur susceptibilité aux impressions... Je suis un être ondoyant, divers et sans consistance. »

De même Eugénie a souvent noté que son âme trop tendre subit l'effet de tous ces mouvements imprévus. « Mon âme, petit ciel que les plus légers nuages ternissent. » — « Notre âme s'étend sur ce qu'elle voit : elle change comme les horizons. »

Maine de Biran se lamentait sur ce trouble intérieur qui fut le tourment de son cœur aussi agité que les cœurs romantiques. Il a signalé cette mobilité d'âme qui l'expose à toutes les variations et à toutes les incertitudes : « Tout échappe à ma pensée mobile. » — « Je suis par tempérament, trop accessible aux impressions, trop facile à dominer par des affections et des sentiments ; et par là même trop variable, trop peu consistant dans mes points de vue, mes projets. Un homme tel que moi ne pourra jamais diriger les affaires de ce monde. »

Avec la même mélancolie Eugénie de Guérin constatait, dans la rapidité de nos émotions, l'inquiétude de nos humeurs vagabondes : « Les teintes de l'âme sont changeantes et s'effacent l'une sous l'autre comme celles du ciel. » — « Belle créature qu'une goutte de pluie peut abattre : que nous ne sommes rien ! » Devant les aveux de cette perméabilité et de cette tendresse, on comprend le bruit de cette plainte, toujours arrêtée et toujours reprise, qui sort comme une voix pleurante du *Journal* d'Eugénie et du *Journal intime* de Maine de Biran.

Enfin Maine de Biran a signalé le caractère meurtrier de ce don d'analyse qui épuise à la longue ceux qui ne savent pas le conduire de la critique à l'affirmation, du dénigrement qui rétrécit à l'admiration qui exalte : « L'habitude de s'occuper spécialement de ce qui se passe en soi-même en mal comme en bien serait-elle immorale ? Je le crains d'après mon expérience. Il faut se donner un point d'appui hors de soi et plus haut que soi pour pouvoir réagir avec succès sur ses propres modifications tout en les observant. »

Ce mal qui a failli mener Maine de Biran à l'impuissance, en dévastant ses richesses intérieures, Eugénie de Guérin l'a connu, et l'on entend, dans la tristesse de ses aveux, la plainte qui suit l'amertume. « La réflexion me plonge au fond de toute chose et je vois le néant de tout, si Dieu ne s'y trouve. »

Devant cette agitation et cette inconstance qui amènent le désarroi, l'esprit de Maine de Biran a tremblé et le cœur d'Eugénie a senti l'angoisse. Donc, çà et là, le murmure de l'effroi retentit. Maine de Biran trouve cette image digne des *Pensées* de Pascal : « le vent de l'instabilité », et Eugénie de Guérin rencontre cette métaphore biblique : « il faut soulever ce mont d'affliction. »

***

Ce trouble insoutenable de la sensibilité incertaine détermine l'intervention de la raison et de la volonté, car la souffrance oblige la pensée à utiliser ses ressources et à proclamer que l'homme conscient de ses forces n'a pas le droit de plier.

Ici encore constatons les ressemblances singulières dans le principe, la méthode et la courbe des sentiments.

Le principe est cette affirmation de puissance qui frappe dans le *Journal* d'Eugénie et qui explique le redressement de Maine de Biran. L'âme humaine est douée d'une énergie singulière qui peut réduire les servitudes. Utilisons ces richesses inépuisables et souvent insoupçonnées. Dans le trouble du cœur qui vacille, ce sentiment généreux est un premier appui qui apporte les premières consolations en soutenant l'édifice de l'espérance et de la force.

Maine de Biran déclare en des formules pressantes comme des oracles : « Être, agir, vouloir sont des noms différents d'une seule et même chose... Dans chacune de mes résolutions je me vois indépendant du temps... Réellement et absolument je suis... Tel est le type unique d'après lequel nous concevons hors de nous des causes : nous les concevons comme des êtres qui sont des volontés ». Ainsi ce philosophe, qui élève la volonté humaine dans la lumière pure de la Force intangible, place l'homme, entre la nature et Dieu, dans un poste tragique où sa faiblesse, qui le rattache à toutes les fatalités de la nature, est soutenue par Dieu, qui l'attire à toutes les grandeurs. — Cette puissance du vouloir, Eugénie la proclame quand elle en signale la direction et l'efficace dans les créations de l'intelligence et de la sainteté.

L'identité du point de départ explique les ressemblances dans la marche de la pensée décidée à montrer sa force. Eugénie de Guérin a trouvé dans le recueillement l'énergie d'une méthode, et dans l'efficacité de cette méthode la garantie de la vaillance humaine. Il semble donc que la richesse psychologique de ses confidences permette de commenter cette profonde parole de Maine de Biran : « En psychologie l'observation n'est que le recueillement ».

En effet, comme le philosophe de l'observation intérieure, elle se replie sur elle-même et se plaît à suivre le mouvement et l'éclat de la pensée qui se dirige ; alors elle constate avec fierté cette agilité et cette puissance : « La belle chose que la pensée ! » Si elle ne déclare pas que l'homme saisit, dans le sentiment de l'effort, le fait primitif qui peut lui révéler l'Infini, elle affirme du moins que l'âme est capable, dans ce labeur de la réflexion qui précède l'élan du cœur, de s'affranchir des contraintes humaines et de sentir la puissance divine. C'est pourquoi elle a parlé de son « attrait pour le recueillement et la contemplation intérieure » avec cette joie austère et enivrante qui anime Maine de Biran quand il nous invite à descendre dans ce qu'il appelle magnifiquement « les souterrains de l'âme » où se produisent les illuminations de la Vérité !

Il faut se recueillir pour sentir sa force. La vie sensible nous égare et nous laisse dans le trouble. La vie de la pensée décisive nous ramène à nos forces centrales et assure notre vie personnelle. Que de fois Maine de Biran a signalé cette antithèse de la vie sensible et de la vie volontaire ! C'est le leitmotif de son chant intérieur, quand il se ressaisit dans la joie de l'effort heureux, après avoir tant souffert dans l'égarement du vagabondage. Mais cette antithèse de la sensibilité qui nous disperse et de la personnalité qui nous concentre, Eugénie l'a constatée et en tire une garantie d'espérance. Avec quelle lucidité elle a montré le vice de cette éducation féminine qui flatte surtout la vanité et la dispose à tant de faiblesse ! Avec quelle insistance elle réclame la culture du sentiment de l'ordre qui ramène à la paix le tumulte de nos conflits ! Avec quelle énergie elle veut donner à la sensibilité une armure intangible et imposer à nos fièvres la vertu curative du rythme régulateur ! On voit que, pour Eugénie de Guérin comme pour Maine de Biran, la méditation de la souffrance a dégagé les puissances de la réflexion et de la vie personnelle.

***

Mais cette glorification de la pensée humaine n'est pas assez garantie pour donner à la faiblesse l'appui qui résiste aux assauts. Cette exaltation de la volonté n'est pas assez sûre d'elle-même pour maintenir longtemps l'espérance. Donc, dans le journal d'Eugénie comme dans le journal de Maine de Biran, nous trouvons une critique du stoïcisme, ici plus appuyée par des raisons fortement déduites, là indiquée par la rapidité des soudains aveux. Mais, ici et là, c'est la même constatation de cette vérité inexorable : le stoïcisme affirme, avec un orgueil vite arrêté, la prise de la raison sur des sentiments qui la dépassent et le pouvoir de la volonté sur des émotions qui la débordent. Notre vie sensible échappe, dans le caprice de ses irruptions, aux ordres de la volonté. Dans le champ illuminé par la lumière du sentiment, comme l'œil de la raison se trouble ! Dans les ébranlements de la douleur et dans la détresse de l'injustice, combien l'aspiration humaine paraît vacillante !

Donc, malgré sa logique, la pensée ne détruit pas le désordre de la sensibilité. Malgré sa force, la volonté n'abolit pas la puissance désorganisatrice de la douleur. L'âme d'Eugénie a pu monter de la vie sensible à la région moins orageuse de la vie intellectuelle, mais elle n'y a pas trouvé le repos. Ainsi Maine de Biran, après les proclamations de sa foi stoïcienne, a dû désavouer ces affirmations prétentieuses, car il ne suffit pas de vouloir oublier la souffrance pour écarter les meurtrissures de la douleur. D'abord il déclare, avec l'assurance de la force qui n'a pas subi tous les assauts : « Il faut que la volonté préside à tout ce que nous sommes : voilà le stoïcisme. Aucun autre système n'est aussi conforme à notre nature » (23 juin 1816). Ensuite il avoue, avec la prudence d'un cœur qui sait le pouvoir dévastateur de la souffrance : « Cette morale stoïcienne, toute sublime qu'elle est, est contraire à la nature de l'homme, en ce qu'elle prétend faire rentrer sous l'empire de la volonté des affections, des sentiments, ou des causes d'excitation qui n'en dépendent en aucune manière... Ces philosophes concluent faussement qu'on peut toujours ce qu'on peut quelquefois... Ils pensent que l'homme peut opposer à tous les maux de la vie un enthousiasme qui peut nous y rendre insensibles. Mais comment peut-il y avoir un enthousiasme durable, fondé sur la raison toute seule ? Comment la volonté de l'homme, qui est *conscius et compos sui*, peut-elle produire le même effet que le délire qui nous rend insensibles à toutes nos douleurs, en nous ôtant en même temps le libre usage de nos facultés ? Suffirait-il de dire que la douleur physique ou morale n'est pas un mal, pour cesser de la sentir ? » (30 sept. 1817). — « Ici le christianisme triomphe en donnant à l'homme le plus misérable un appui extérieur, qui ne saurait lui manquer quand il s'y fie, en lui montrant, dans chacune de ses misères spirituelles et corporelles, autant d'occasions de mérite. » (20 octobre 1819). — « *Væ soli !*

Le stoïcien est seul, ou avec sa conscience de force propre qui le trompe ; le chrétien ne marche qu'en présence de Dieu. » (17 mai 1824). Cette date est la dernière du journal : deux mois après, Maine de Biran mourait dans la paix des certitudes.

***

Ici apparaît une ressemblance nouvelle. Le plus sagace des commentateurs de Maine de Biran, Victor Delbos disait : « Ce fut sans passer par le dieu des philosophes que Maine de Biran s'avança vers le dieu des chrétiens : en quoi on peut dire qu'il engagea sa conversion selon le sens indiqué par Pascal. » *(Figures et doctrines de philosophes*, p. 320).

Comme Maine de Biran, Eugénie de Guérin s'ouvre aux ardeurs pascaliennes et s'élève vers Dieu dans un mouvement lyrique du cœur à la fois accablé et transporté par la souffrance. Ce n'est pas le raisonnement qui découvre Dieu. Ce n'est pas la raison qui sent la grandeur divine. Mais la vie de l'âme, purifiée par la douleur, développe au fond d'elle une énergie de compréhension et une volonté de puissance qui la soulèvent dans la région du sublime où Dieu fait sentir sa présence.

Le *Journal* d'Eugénie nous offre les linéaments d'une doctrine morale et l'esquisse d'une philosophie. A la lumière de la souffrance, cette âme méditative a pensé, voulu, aspiré, triomphé. Ce passage de la souffrance à la pensée, de la pensée à la volonté, de la volonté à l'aspiration, de l'aspiration à la certitude décrit le mouvement d'une âme qui monte. Le *Journal* d'Eugénie, comme celui de Maine de Biran, est le déroulement magnifique d'une ascension.

Il convient pourtant de faire une remarque pour maintenir les distinctions nécessaires. N'attribuons pas à Eugénie tout le tragique des combats qui ont déchiré l'âme de Maine de Biran. Celui-ci a connu les révoltes de l'incroyance décidée, puis les troubles de l'incroyance inquiète, enfin les ivresses de la certitude, et son *Journal intime* éclaire les effets dramatiques de ces conflits. Au contraire Eugénie a toujours ressenti l'assurance de la foi et la douceur des espérances chrétiennes. Cette réserve faite, nous avons le droit de dire que la douleur d'Eugénie fut si dure et son besoin d'apaisement si profond que ses appels à Dieu ont le pathétique des implorations de Maine de Biran.

Cet appel à Dieu est l'appel de la faiblesse à la force, de l'incertitude à la solidité du point fixe, du trouble à la sérénité. Maine de Biran s'écriait : « Il faut se donner un point d'appui hors de soi et plus haut que soi ! » Eugénie de Guérin affirmera : « Le cœur est pesant de tristesse. Il faut à ce roseau d'autres appuis que des roseaux ». — « Tout appui humain n'est que sable ! »

La détresse de Maine de Biran ne peut s'apaiser que dans l'affirmation du divin et la certitude de la présence de Dieu. De là ces cris lyriques qui commencent par les plaintes du désespéré pour s'achever dans les élans du mysticisme et les effusions pascaliennes. « Pour me garantir du désespoir, je penserai à Dieu, je me réfugierai dans son sein. » — « L'homme peut tout en celui qui le fortifie. » — « Malheur à celui qui ne s'appuie pas sur une force supérieure et ne se livre à aucune inspiration ! » — « La vraie force consiste à marcher en présence de Dieu. » De même Eugénie de Guérin, accablée par l'infortune, tend ses mains tremblantes vers le Dieu de miséricorde, et, quand elle adresse à Maurice incroyant la supplication de sa tendresse, elle traduit ce trouble d'âme qui jette Maine de Biran aux pieds de la Croix.

Enfin Maine de Biran a insisté sur la culture du sentiment du divin. Dans un commentaire pressant des *Pensées* de Pascal, il signalait l'efficacité de l'amour pour acquérir le sentiment de l'Infini, et les miracles de la Charité pour mériter ici-bas les ivresses de la vie divine. « Au lieu qu'en parlant des choses humaines, on dit qu'il faut les connaître pour les aimer, en parlant des choses divines il faut dire qu'il faut les aimer pour les connaître. On n'entre dans la vérité que par la charité. Dieu ne verse ses lumières dans les esprits qu'après avoir dompté la rébellion de la volonté par une douceur toute céleste qui la charme et l'entraîne. » Cette méthode, qui affirme la puissance de l'amour, définit avec exactitude ce que nous avons appelé, dans l'examen de la doctrine morale d'Eugénie de Guérin, les exercices de dilatation et la thérapeutique de la sensibilité. Ce désintéressement et cette abnégation, cet appel à la charité et cette élévation vers l'amour divin, ce passage du visible à l'invisible et cet épanouissement progressif de notre faculté de croire qui est la faculté de saisir Dieu, c'est la dialectique de Maine de Biran et la beauté lyrique du rythme si émouvant qui conduit à Dieu l'âme guérinienne. — Dans la solitude de Grateloup, Maine de Biran, froissé par les douleurs de la délicatesse, dirige sa vie intérieure vers l'ordre et vers la paix de la discipline religieuse. Dans la solitude du Cayla, Eugénie, déchirée par l'infortune, fait monter sa souffrance vers les pensées claires et fortes qu'attire l'amour de Dieu.

Par la richesse de ses élans intellectuels et l'ordonnance de sa doctrine, Eugénie de Guérin évoque le souvenir des maîtres les plus glorieux. Elle n'a pas connu l'œuvre de Maine de Biran : pourtant elle semble revivre la vie morale du grand philosophe. Elle en reproduit les inquiétudes et les aspirations, les tourments et les ivresses : de là tant de ressemblances dans les idées et dans le langage. La qualité d'une pensée se mesure à la profondeur de l'écho qu'elle éveille au fond de nos âmes.

CHAPITRE HUITIÈME

LE JAILLISSEMENT DU COURANT GÉNIAL

LE JAILLISSEMENT DU COURANT GÉNIAL

Nous sommes en présence de l'âme la plus unie et la plus dérobée aux artifices de la coquetterie littéraire. Or cette âme simple et amie de l'ombre a senti au fond d'elle les mouvements du génie créateur. Dans le silence de sa chambre et la solitude de son vallon, elle a entendu le murmure d'une voix soudaine qui veut retentir ; et, avec la loyauté de la candeur qui s'étonne, elle a fait l'aveu de ces manifestations surprenantes.

Recueillons ces aveux qui nous apportent le témoignage du génie sur le génie même. Ce témoignage spontané et ainsi plus précieux éclairera la démarche mystérieuse de cette puissance qui élève l'homme dans la grandeur.

***

Pour mettre en lumière les idées ou, pour mieux dire, les pressentiments d'Eugénie de

Guérin sur la force créatrice de l'esprit humain, nous pouvons sans doute préciser ses indications en les traduisant dans ces affirmations capitales :

Le génie est l'effusion nécessaire et inévitable d'une richesse intérieure qui tient l'âme à la fois accablée et ravie.

Le génie est une libération enivrante.

Le génie est une purification.

Le génie se déploie soudain comme la révélation d'un mystère.

Le génie est la fusion du sentiment poétique et du sentiment religieux.

Méditons ces affirmations et montrons qu'elles ne trahissent pas sa pensée, en groupant autour de chacune d'elles les aveux involontaires de cette grande âme étonnée par sa propre grandeur.

a) Le génie est l'effusion nécessaire et inévitable d'une abondance intérieure qui tient l'âme à la fois accablée et ravie.

Dans le *Journal* et la *Correspondance*, l'image la plus fréquente pour désigner cette agitation est l'image de la source qui sommeille dans les entrailles de la terre et sort en jaillissant.

« C'est mon signe d'écrire, comme à la fontaine de couler. Qui sait ce que c'est que cet épanchement de mon âme au dehors, ce besoin de se répandre ? »

« A présent, seule, en repos dans ma chambre, j'écrirais beaucoup, je ne sais quoi, mais j'écrirais. Je me sens la veine ouverte. »

« Je sens quelque chose en moi qui renaît, qui va jaillir de mon âme. »

« Le trop plein fait torrent parfois : il vaut mieux lui ouvrir passage. »

Ainsi les émotions et les souvenirs s'accumulent dans l'âme, comme les eaux qui s'amassent au fond d'un lac. Que le vent du printemps apporte la douceur de sa brise ou qu'un vent d'orage sème le murmure de son trouble, alors ce calme de l'onde et du cœur s'agite : tout s'émeut d'un long frisson et l'âme fait entendre son bruit de joie ou de plainte. C'est l'agitation de l'âme conquise, quand l'arrivée soudaine d'une émotion nouvelle réveille le sentiment endormi et groupe les idées, les désirs et les évocations qui le traduisent dans la lumière. Ainsi, dans Lamartine, le bruit d'un hêtre qui tremble amène l'apparition des ombres et fait lever l'enchantement du souvenir dans la méditation du soir. « De ce hêtre au feuillage sombre, — j'entends frissonner les rameaux ; — on dirait autour des tombeaux, — qu'on entend voltiger une ombre. »

b) Le génie est une libération enivrante.

Nous trouvons dans le *Journal* ce mot si

tendre : « Je me livre de nouveau au charme de l'épanchement. » C'est proprement un charme. Il tient l'âme surprise par la grâce de ces aveux bienfaisants. Il la tient captive dans la volupté de ces tendresses qui s'abandonnent, et nous comprenons que la sœur heureuse d'être charmée ajoute : « La pensée de te faire plaisir vient me donner la plume et me dicte sans fin ». Cette spontanéité et cette abondance dévoilent des richesses intérieures qui ne demandent qu'à s'épanouir. Le génie entend un bruit d'ailes quand il assiste à ce départ de forces fraîches longtemps contenues et heureuses de se déployer.

c) Le génie est une purification.

La terre s'ouvre aux ferments généreux des sources. L'âme se dilate dans l'expansion des sentiments qui la soulèvent. Et tout ce courant d'émotions et de souvenirs qui envahit l'âme et l'emplit d'un doux murmure lui permet de se répandre avec la grâce de la fraîcheur. Dans ce dialogue avec le frère absent, dans cette élévation vers le frère mort, Eugénie éprouve, avec le sentiment si cruel de la séparation, une joie d'exaltation et une ivresse d'épanouissement. La douleur se purifie et s'élève dans le mouvement de ce souvenir qui monte comme un chant et se termine dans l'effusion de la prière.

« Rapprochons-nous, mon ami, rapprochons-nous de cœur et de pensée. Cette communication est bien douce, ces épanchements soulagent, purifient même l'âme, comme une eau courante emporte son limon. »

En décrivant ce qu'elle éprouve dans l'épanchement de son cœur purifié, elle commente, sans le savoir, la doctrine d'Aristote sur la purgation des passions et elle illustre ce jugement de Gœthe : « L'art est une délivrance ».

d) L'œuvre du génie s'accomplit comme la révélation d'un mystère.

Dans cette effusion d'âme qui ressemble au jaillissement d'une source et amène la joie de la délivrance et l'ivresse des purifications, la collaboration de l'esprit devient inutile. On dirait même qu'il assiste, comme un étranger, à ce merveilleux déploiement. Eugénie a noté cette attitude singulière de la pensée devant l'expansion de l'âme attendrie. « Ces lettres de tendresse sortent toutes faites du cœur. »

Nous allons comprendre la puissance d'organisation de l'âme ainsi ébranlée et la richesse de synthèse des sensibilités émues par l'abondance des sources. Eugénie ajoute en effet : « Je ne sais écrire que lorsque je ne sais ce que j'écrirai ». On n'a jamais traduit avec plus de simplicité et de force les vraies conditions et l'efficacité de l'énergie créatrice. Le génie traduit la vie profonde, la vie amassée dans les profondeurs de l'âme, la vie entretenue dans le mystère des cryptes. Le génie est l'explosion de ces sentiments mystérieux. L'inspiration est l'effusion de cette richesse intérieure, à la fois cachée et surabondante ; et cette effusion est imprévue, puisqu'elle jaillit quand le cœur déborde. Voilà pourquoi l'esprit étonné devant ces apparitions soudaines constate l'inutilité de son intervention. « Je ne sais écrire que lorsque je ne sais ce que j'écrirai. » Cette spontanéité est à la fois surprenante et nécessaire. Car l'esprit analyse et coordonne lentement ses analyses laborieuses ; mais le cœur n'analyse jamais puisqu'il ignore, dans la vivacité de son vol, les détours subtils et les savantes adaptations. Le cœur écarte l'artifice qui est toujours un déguisement. Il dédaigne l'art qui est toujours un délicat mensonge. Ses émotions s'organisent avec la force des atomes qui s'attirent et composent l'éclat du cristal et l'harmonie de l'univers. Ses intuitions étincelantes illuminent la vie, comme les rayons du soleil font resplendir la forêt obscure. C'est pourquoi, dans l'œuvre des puissants, le cœur triomphe quand il obéit aux mouvements décisifs de son énergie infaillible : en lui, au secret des profondeurs, les sources de la vie et les sources de l'art se rejoignent et se mêlent au courant mystérieux de l'élan vital qui mène le monde.

On s'explique aisément le sentiment de joie qui anime l'esprit créateur et on accueille avec gratitude ce nouvel aveu d'Eugénie devant l'émoi de son ivresse : « Ma plume veut partir de joie comme une flèche ». Image directe et sûre et si exacte qu'elle cesse d'être un ornement ou une agréable comparaison. Cette image est la pensée même, sortant comme un cri d'âme et jaillissant comme un rayonnement de lumière. La plume part de joie, comme une flèche qui vole ; car l'âme qui déborde finit par éclater, et la confidence est l'éclatement d'un cœur comprimé qui s'abandonne à l'épanouissement. L'esprit assiste tout à coup à cette agitation de flamme et se hâte de saisir ces apparitions. Alors les mots accourent et volent, et la plume les accueille et les dépose sur la page qui semble palpiter dans cet embrassement de l'âme émue et du mot où cette émotion retentit.

Comprenons maintenant pourquoi nos pages les meilleures sont les plus spontanées, et ne soyons pas surpris si les trouvailles les plus heureuses sont d'involontaires effusions. Mais n'oublions jamais que ces soudains triomphes sont la récompense d'une vie intérieure longuement déroulée dans le secret et dans la souffrance.

e) L'œuvre du génie est la collaboration de deux forces : le sentiment poétique et le sentiment religieux.

Ici l'aveu est particulièrement attachant, parce qu'il traduit un sentiment enivrant et souvent médité. « J'admire comme ces deux sources (la prière et la poésie) coulent ensemble en moi et en d'autres. »

L'effusion d'âme, semblable au jaillissement d'une source, détermine une force d'élan qui soulève la prière, et un sentiment de la beauté qui entraîne la poésie. Le sens du divin et le sens du poétique s'unissent et se fondent dans les âmes créatrices qui renouvellent la sensibilité humaine. Dans les démarches laborieuses de nos pensées ralenties par l'impuissance et par la fadeur, nous nous étonnons de cette ardeur des poètes et il nous arrive de nous méfier de leur puissance d'embellissement. Préoccupés de nous-mêmes, nous voulons ramener à notre mesure cette puissance et cette volonté. Mais le génie n'embellit jamais. Il n'ajoute pas à l'incomparable beauté des choses la parure factice des imaginations orgueilleuses. Il affirme l'identité du réel et du beau parce qu'il la constate ; et il la constate parce que l'âme approfondissante dégage, à travers les mouvements essentiels de la nature et de la vie, la direction de la volonté divine. Le génie est ce besoin de dilatation qui, sur les deux ailes de la prière et de la poésie, amène le poète à la grandeur de l'état divin. Ainsi s'émeut le Centaure, le compagnon glorieux du grand frère. Quand il a gravi les sommets en écoutant le retentissement de ses pas dans le silence de la montagne, il voit un Dieu surgir devant lui ; alors, dans la solennité du crépuscule qui monte, il pénètre au cortège de Pan et des Muses et il mêle le chant de son âme au frémissement de l'arbre sacré et à l'harmonie des sphères. De même, lorsque Eugénie nous déclare avec l'enivrement d'un cœur inspiré : « Mon âme aujourd'hui abonde de prière et de poésie », elle nous laisse entendre que cette flamme brûlante au fond d'elle rayonne au souffle de Dieu et répand sur la nature ces lueurs qui font resplendir les beautés cachées. Dans ces heures heureuses, où l'inspiration est l'éclat de sa vie intérieure, elle assiste, avec un étonnement charmé, à la fusion de la force poétique et du sentiment religieux.

Ces aveux décisifs permettent de comprendre

pourquoi, dans tous les temps et chez tous les peuples, le sentiment poétique a été lié au sentiment du divin, — l'inspiration des poètes à la confidence des Muses, — les créations du génie humain aux manifestations de la vie divine. « J'admire comme ces deux sources (la prière et la poésie) coulent ensemble en moi et en d'autres. »

***

Ce courant génial se révèle d'abord dans le charme des effusions en vers, ensuite dans le mouvement d'ascension des méditations poétiques, enfin dans la cadence du style le plus soumis aux vibrations du cœur.

Eugénie de Guérin a laissé quelques poèmes. Il serait imprudent d'exagérer la valeur de ces œuvres qu'elle nous a mesurées. Ici, comme toujours, cette âme simple et noble a mis autant de soin à voiler sa force que nous en mettons à dissimuler nos faiblesses.

Signalons surtout le caractère lyrique de ces poèmes. Cette poésie est un épanchement. Elle traduit un cœur qui souffre et qui exhale sa plainte. Car le rythme, qui offre aux agitations intérieures l'appui d'une armature et le charme d'un bercement, est la cadence naturelle de la douleur. De là cette action si profonde du rythme sur le cœur de l'enfant, et le cœur spontané des simples, et le cœur agrandi des foules toujours ouvertes aux émotions fortes.

Dans les vers d'Eugénie, nous entendons la respiration d'une âme qui s'inquiète, le battement d'un cœur qui s'agite, le murmure d'élan d'une pensée en prière. Marceline Desbordes-Valmore ne montre pas plus de tendresse dans l'effusion mélancolique. Paul Verlaine ne révèle pas une sincérité plus meurtrie dans les aveux d'une sensibilité toute chargée d'alarmes.

Recueillons la souffrance d'Eugénie en écoutant cette âme qui sanglote et s'élève à Dieu :

Oh ! moi j'ai des pleurs à répandre,
Oh ! j'en ai pour l'éternité.

Passons en répandant les pleurs et la prière.

Sur mes deux mains ma tête tombe
Et devant Dieu j'aime à pleurer.
Je retrouve partout ton image charmante !

Je voudrais que le ciel fût tout tendu de noir,
Et qu'un bois de cyprès vînt à couvrir la terre,
Que le jour ne fût plus qu'un soir !

Oh ! Qu'est-ce que la vie ? Exil, ennui, souffrance,
Un holocauste à l'espérance.

Tant que les ruisseaux couleront,
Tant que dans les cyprès funèbres
Les vents d'automne gémiront,
Tant que les cloches sonneront
Le glas des morts dans les ténèbres,
Il est des yeux qui pleureront,

Il est une douleur profonde,
Des regrets, un deuil fraternel
Qui dureront plus que le monde,
Car je les prendrai dans le ciel.

A la pauvre âme qui trébuche
Viens, ô mon Dieu, tendre la main !

Il est des esprits puissants
Qui dirigent les planètes,
Qui font voler les tempêtes
Et s'allumer les volcans,
Qui règnent sur l'air et l'onde,
Qui creusent le lit des mers,
Qui règlent le cours du monde
Et prennent soin des déserts.

En Dieu seul est le lieu des âmes en souffrance.

Et devant Dieu, comme une amante,
L'âme exhale flamme et désirs,
Disant : « Que n'ai-je une aile d'ange
Pour voler sur tes pas, mon Dieu !
Que ne suis-je soleil, archange,
Un être d'amour ou de feu !
Une créature placée
Loin de ce monde ténébreux,
De cette région glacée
Que recouvrent de pâles cieux,
Et qui, sur quelque haute cime
Planant avec les aquilons,
Trouve en toi son aire sublime,
Ainsi que l'aigle sur les monts ! »

Dans d'autres poèmes d'Eugénie, on peut apprécier les qualités de fraîcheur qui donnent à son style le mouvement et l'éclat de la grâce et de la lumière. Mais les vers que nous venons de citer permettent de surprendre la force d'élan qui ouvre les ailes de l'imagination, l'ardeur de la sensibilité qui répand la flamme sur la tige des mots, la souplesse du rythme qui se façonne aux palpitations du cœur. Maurice qui avait senti, dans les poèmes de sa sœur, l'agitation de ce jaillissement, l'engageait à se fier davantage aux audaces de la puissance. Mais la sœur se réduit aux brèves animations de l'esquisse. Pourtant ces cris trop retenus et ces expansions trop peu déployées suffisent à confirmer en nous l'assurance de l'admiration.

***

Le courant génial se manifeste ensuite dans certaines méditations qui ont l'élan des strophes lyriques.

On trouve en effet dans le *Journal* ces épanchements de pensées qui ressemblent à des effusions d'âme. L'éclat de ces méditations trop brèves fait regretter la sobriété de cette âme discrète. On sent bien qu'elle se refuse au développement de ces sentences pressées, et qu'elle ne rassemble jamais, par le lien de la méthode, le fil de ces thèmes à la fois vagabonds et vite arrêtés.

Pourtant, malgré la brièveté des aveux, on

saisit la puissance de cette richesse intérieure. Car ces rêveries sont des méditations lyriques. Dans les rêveries lyriques, la pensée est dirigée par un élan du cœur. La force de retentissement de la sensibilité entraîne la pensée et lui permet de franchir les espaces et de relier, par des bonds soudains, les plus diverses évocations. Alors s'opèrent, avec la grâce de l'imprévu, les rapprochements les plus saisissants. Dans l'immensité de l'étendue, l'âme bondit et monte et se déploie avec une aisance souveraine. Agilité merveilleuse d'une pensée qui se répand comme une lumière ! Témoignage précieux d'une sensibilité féconde en rayonnements, d'une imagination capable d'évoquer les richesses secrètes, et d'une pensée qui en réfléchit la profondeur !

Comprenons ce don d'approfondissement, cet éclat de retentissement et cette puissance d'évocation. Un Claude Bernard voit, dans l'observation d'un fait, l'inépuisable déroulement d'une loi. Un Leibniz écoutait, dans le son que fait entendre l'être le plus fragile, le chant de l'universelle harmonie. Eugénie de Guérin saisit, sous l'humilité de la mousse, le foisonnement d'une vie innombrable. « Que de trésors sous une mousse ! »

Cette pensée lyrique et cette sensibilité qui

égale spontanément l'agilité de sa course à l'abondance des beautés mystérieuses ou éclatantes du monde frappaient d'étonnement ceux qui étaient capables de suivre la vivacité de cette vie intérieure. Nous lisons dans le *Journal* un aveu d'un grand prix, qui signale cette qualité d'âme : « Louise de Baynes me dit qu'où les autres ne voient rien, je trouve beaucoup à dire. « Tenez, me disait-elle, vous diriez cent choses « sur cela. » C'était un loquet de porte qu'elle tirait en s'en allant. Assurément on aurait de quoi dire et penser sur ce morceau de fer que tant de mains ont touché, qui s'est levé sous tant d'émotions diverses, sous tant de regards, sous tant d'hommes, de jours, d'années. Oh ! l'histoire d'un loquet serait longue ». Pour cette âme de poète qui se répandait sur le Temps et l'Espace avec la rapidité du son et le mouvement de la flamme, l'histoire d'un loquet dans le silence de la vieille demeure et d'une mousse dans l'ombre de la forêt éveillait un long bruit d'émotions déroulées devant les changements de la vie humaine et les splendeurs secrètes de la vie de la nature.

Signalons quelques-unes de ces méditations qui ouvrent, malgré la petitesse du cadre, l'ampleur de larges perspectives, et résument, en des raccourcis puissants, de longues séries de sentiments et d'idées. « En lisant un livre de géologie, j'ai rencontré un éléphant fossile découvert dans la Laponie, et une pirogue déterrée dans l'île des Cygnes, en creusant les fondations du pont des Invalides. Me voilà sur l'éléphant, me voilà dans la pirogue, faisant le tour des mers du Nord et de l'île des Cygnes, voyant ces lieux du temps de ces choses : la Laponie chaude, verdoyante et peuplée, non de nains, mais d'hommes beaux et grands, de femmes s'en allant en promenade sur un éléphant, dans ces forêts, sous ces monts pétrifiés aujourd'hui ; et l'île des Cygnes, blanche de fleurs et de leur duvet, oh ! que je la trouve belle ! Et ses habitants, qui sont-ils ? Que font-ils dans ce coin du globe ? Descendants comme nous de l'exilé d'Éden, connaissent-ils sa naissance, sa vie, sa chute, sa lamentable et merveilleuse histoire ; cette Ève pour laquelle il a perdu le ciel, tant de malheur et de bonheur ensemble, tant d'espérances dans la foi, tant de larmes sur leurs enfants, tant et tant de choses que nous savons, que savait peut-être avant nous ce peuple dont il ne reste qu'une planche ? Naufrages de l'humanité que Dieu seul connaît, dont il a caché les débris dans les profondeurs de la terre, comme pour les dérober à notre curiosité ! S'il en laisse voir quelque chose, c'est pour nous apprendre que ce globe est un abîme de malheur, et que ce qu'on gagne à remuer ses entrailles, c'est de découvrir des inscriptions funéraires, des cimetières. La mort est au fond de tout, et on creuse toujours comme qui cherche l'immortalité. » Page émouvante, où la sensibilité d'un poète qui franchit le Temps et l'Espace répand sur l'univers une pensée de philosophe, dans la fusion des images et des méditations.

« Il y aurait de quoi passer la nuit à décrire ce qui se voit, s'entend dans ma délicieuse chambrette, ce qui vient m'y visiter, de petits insectes, noirs comme la nuit, de petits papillons, mouchetés, tailladés, volant comme des fous autour de ma lampe. En voilà un qui brûle, en voilà un qui part, en voilà un qui vient, qui revient, et sur la table quelque chose comme un grain de poussière qui marche. Que d'habitants dans ce peu d'espace ! un mot, un regard à chacun, une question sur leur famille, leur vie, leur contrée, nous mènerait à l'infini : il vaut mieux faire ma prière ici devant ma fenêtre, devant l'infini du ciel. » Toujours cette effusion d'âme, ce vif et cet enflammé d'une sensibilité de poète qui enveloppe soudain le fini dans l'infini, envahit le temps qui passe et s'ouvre à la région sans fin de l'Éternité !

« La belle vision, l'admirable figure de Christ que j'aperçois sur la tapisserie vis-à-vis de mon lit ! C'est fait pour l'œil d'un peintre. Jamais je n'ai vu tête plus sublime, plus divinement douloureuse avec les traits qu'on donne au Sauveur. J'en suis frappée, et j'admire ce que fait ma chandelle derrière une anse de pot à l'eau dont l'ombre encadre trois fleurs sur la tapisserie qui font ce tableau. Ainsi les plus petites choses font les grandes. Des enfants découvrirent les lunettes d'approche, un verre par hasard rapprocha les astres, une mauvaise lumière et un peu d'ombre sur un papier me font un tableau de Rubens ou de Raphaël. Le beau n'est pas ce qu'on cherche, mais ce qu'on rencontre. » Cette vie intérieure, frémissante et créatrice, se déploie avec une aisance royale dans les régions de l'art et de la pensée pour révéler dans ces soudaines découvertes la puissance de l'âme. La confidence du *Journal* explique les illuminations des artistes ; et cet esprit de lumière, qui voit la beauté dans les incertitudes des ombres et les formes mêlées par le hasard, justifie les aveux des maîtres les plus grands. La beauté est semée sur le monde : il s'agit de la rencontrer. Ici la solitaire du Cayla sent et pense comme Léonard de Vinci.

Eugénie nous explique le miracle de ces

rapprochements, la facilité de ces bondissements, et le murmure profond de ces harmonies soudaines : « Les courants de l'âme sont longs. » — « Les enchaînements se font si bien de chose à autre, qu'on noue le monde par un cheveu quelquefois. Ainsi avons-nous tiré le passé de l'éternité où il est tombé, pour le revoir entre nous... » — « Il n'y a pas de temps et d'espace pour l'âme. » Mais ces remarques sont trop générales et nous désirons des aveux plus expressifs qui apportent les raisons de cette ardeur d'épanouissement. Un jour, dans le touchant émoi des confidences, elle déclare qu'elle sent en elle une inépuisable tendresse d'imagination et de sympathie. Elle éprouve cette noblesse d'inquiétude qui anime le cœur des poètes. Des liens imperceptibles, bienfaisants ou douloureux, rattachent sa pensée à l'âme des choses. Son goût de la simplicité lui défend de signaler sa grandeur, mais sa sincérité l'entraîne à des remarques inévitables. Ne pouvant s'empêcher de traduire ce qu'elle éprouve, elle nous révèle au fond d'elle un murmure de résonances, un bruit de sources toujours jaillissantes, une agitation sacrée qui l'entraînerait sans doute à de brillantes manifestations, si elle ne contenait cette ardeur qui lui semble indiscrète et ces mouvements qui étonnent sa modestie. « Je suis...

en rapport avec la terre, avec l'air, avec le ciel, avec les oiseaux, avec tant de choses visibles et invisibles que je n'aurais jamais fini si je me mettais à me décrire. » Dans cet aveu qui échappe à la discrétion de cette âme virginale, j'admire la belle audace de la candeur, et je retiens ce mouvement invincible du génie qui sent sa puissance.

Donc ne soyons pas surpris s'il lui arrive de constater l'amitié fraternelle qui la rattache aux âmes les plus lyriques. « Tous les soirs, je lis quelque *Harmonie* de Lamartine. Cette étude me charme et fait jaillir je ne sais quoi de mon âme qui me transporte loin du livre qui tombe, loin de ceux qui parlent auprès de moi : je me trouve où sont ces esprits qui balancent les ailes sur nos têtes et qui vivent de feu comme nous vivons d'air... » Cet essor de son âme lyrique lui permet de revivre le plus glorieux songe du poète, et elle chante la joie de son enchantement dans ces départs soudains vers les régions célestes parmi les esprits de feu.

On voit qu'elle n'a pas toujours contenu, dans le silence de l'ombre, cette puissance secrète dont elle sentait les émanations, et que nos remarques sur les manifestations de cette pensée géniale se relient à notre analyse de cette âme si nuancée et surprenante. Donc répétons, avec une croissante assurance, que cette modestie recouvrait, sous une énergie prête à éclater, une source de pathétique qui s'agitait dans le mystère. « Il est dimanche : je suis seule dans mon désert. Le tonnerre gronde et j'écris, sublime accompagnement d'une pensée solitaire. Quelle impulsion ardente et élevée ! Comme on monterait, brûlerait, volerait, éclaterait en ces moments électriques ! »

***

Le courant génial se révèle enfin par la spontanéité de l'élan verbal.

Parmi les grands écrivains, on distingue avec raison les artistes et les spontanés. Les grands artistes sont ceux dont la perfection est le triomphe de l'art. En combinant avec une maîtrise souveraine les ressources expressives des mots, ils opèrent la fusion merveilleuse de l'art et du naturel. En groupant dans le plus savant dosage les richesses plastiques de l'image et les valeurs morales de l'idée, ils composent le plus délicat mélange où le goût savoure la joie de l'œuvre accomplie.

Mais les grands écrivains sont ceux qui trouvent, dans une agitation soudaine, les mots et les tours et les rythmes secrets où l'invisible vie intérieure se manifeste dans la lumière. Alors le style a la grâce de l'abandon et le charme de l'épanouissement, parce que l'âme semble chanter.

Eugénie de Guérin est un grand écrivain, parce que son *Journal* et sa *Correspondance* sont tout éclatants de ces heureuses trouvailles.

Une phrase manifeste la force du courant génial tantôt par le relief des valeurs plastiques, tantôt par la profondeur des harmonies musicales. Une phrase de grand écrivain peut surgir devant nous comme un monument d'architecture ou s'insinuer au fond de nous comme un chant retentissant. Puissance incomparable du verbe qui dispose de toutes les beautés de la forme et de toutes les sonorités de l'écho !

Dans le *Journal*, nous admirons souvent le génie du verbe dans la fraîcheur des évocations plastiques. Un grand peintre discerne et exprime la beauté du monde dans les lieux et dans les moments où cette beauté déploie sa magnificence. Il y a toujours un moment où les choses, par l'heureuse complicité de la lumière et des formes, s'ordonnent en un beau tableau. Il y a toujours un lieu d'où les choses se déroulent dans la gloire et la paix de leur plus grande harmonie. Le peintre est capable de choisir ce lieu si mobile et de saisir ce moment si fugitif. Puvis de Chavannes disait que les maîtres savent trouver « l'aspect éminent d'un paysage ».

Eugénie de Guérin est un grand peintre, parce qu'elle surprend, avec la spontanéité de son intuition infaillible, ces heures profondes où la nature déroule ses créations les meilleures. Alors elle écrit dans un mouvement d'allégresse, et sa phrase jaillit et brille comme un reflet de soleil sur l'eau claire de son ruisseau.

« Tout est vert, frais, doré de soleil. »

« C'est un charme d'errer en plein air, d'errer comme les perdrix. »

« La vie de l'oiseau, cette jolie petite vie d'indépendance, de chants, tout aérienne... »

« Si quelque chose est doux, suave, inexprimable en calme et en beauté, c'est bien certainement nos belles nuits, celle que je viens de voir de ma fenêtre, qui se fait sous la pleine lune, dans la transparence d'un air embaumé, où tout se dessine comme sous un globe de cristal. »

***

Le *Journal* est semé de peintures charmantes qui ont la grâce et la fraîcheur de l'aquarelle. Mais, si aisées et brillantes que paraissent ses qualités plastiques, Eugénie semble plus admirable par l'harmonie de ses phrases musicales.

Le mouvement le plus naturel de sa phrase

devait être le mouvement lyrique. En effet le peintre se détache de lui-même. Il se soumet à l'objet qu'il contemple et il s'oublie dans l'intensité de cette contemplation. Il mesure les éléments de grâce et de force qu'il associe dans l'harmonie. Il groupe et il ordonne ces apparences mouvantes. Il compose une œuvre d'art. Mais Eugénie n'écrit pas pour peindre la beauté du monde et révéler ses dons d'écrivain. Elle médite devant l'image du frère absent, et elle se lamente devant l'ombre du frère mort. Son *Journal* est une confidence, et, dans cette confidence qui est l'effusion de sa tendresse, elle répand les joies de ses heures heureuses, les désirs de son âme inquiète, les angoisses de son cœur déchiré. C'est pourquoi le style révèlera surtout les qualités du chant.

Sa phrase est essentiellement lyrique, parce qu'elle se modèle sur le rythme de la joie et de la douleur. La joie et la douleur sont des émotions vives qui demandent à être traduites avec la vivacité de l'élan et la promptitude de l'agitation. C'est pourquoi une âme joyeuse manifeste sa joie dans le cri jaillissant, et une âme meurtrie traduit sa plainte dans le soudain murmure du soupir ou du sanglot.

On s'explique donc la vivacité du style d'Eugénie : — un style direct que le souci littéraire ne surmène jamais, — un style dépouillé de tous les mots inutiles et dégagé d'incidences, — un style bruissant de mouvements vifs, — un style qui se façonne aux mouvements d'un cœur agité. Avec une aisance triomphante, elle écarte les élégances vaines et les tours concertés et ces expressions rondes et molles qui allongent sans éclaircir. Même elle ne recule pas devant les ellipses, les abréviations, les anacoluthes. Cette âme étincelante se hâte de traduire ses sentiments pour les saisir dans leur fraîcheur Une langue trop travaillée pèserait sur ces émotions ardentes et agiles. Les beautés de son style nous charment, mais elle ne les cherche jamais, car elle les rencontre dans un élan d'âme.

A cette vivacité dans le jeu du mouvement verbal s'associent, par un privilège singulier, la puissance et la profondeur. Ces tableaux sont brefs, et on ne regrette pas cette brièveté. Ces effusions sont promptes, et elles sont décisives. Ces beautés ne sont pas organisées, et elles paraissent surprenantes.

L'écrivain, en effet, a su rendre cette brièveté évocatrice et cette effusion retentissante. Comment ? Par la force expressive des sons. Le style d'Eugénie a une valeur musicale incomparable. Ce cœur qui bat devant nous, cette âme qui chante sa joie ou sa plainte, utilise, avec la sûreté de l'instinct, les valeurs des sonorités éclatantes et sourdes. Seul le son peut exprimer la profondeur d'un sentiment, parce qu'il suggère la vie infinie du cœur dans l'infinie résonance de la mélodie. Sortilège merveilleux du son ! Puissance évocatrice des mots qui chantent ! Vous éveillez au fond de nos cœurs, dans le murmure allongé de l'écho, tout le poème de nos mélancolies et de nos allégresses !

La *Correspondance* et le *Journal* sont traversés de ces mélodies brèves où retentit la vie profonde d'un cœur passionné. C'est pourquoi pour définir ce style et pour adapter la valeur des mots toujours faibles à la force de ce langage si simple et si émouvant, ayons recours aux images musicales : un souffle du vent sur la clarté de son ruisseau, — un murmure de brise sur ses peupliers qui frissonnent, — un chant d'oiseau sur la fraîcheur de sa prairie, — un soupir de plainte dans le soulèvement de l'orage sur sa forêt de chênes.

Écoutons quelques-unes de ces confidences enivrantes ou mélancoliques. Voici le chant de l'âme qui dit son enchantement : les mots se meuvent et bondissent comme des sons qui s'égrènent dans le mouvement de la joie.

« Des hirondelles qui passent ! Je les aime, ces annonceuses du printemps, ces oiseaux que suivent doux soleil, chants, parfums et verdure. Je ne sais quoi pend à leurs ailes qui me fait un charme à les regarder voler. » Comme un son qui monte, l'âme d'Eugénie vole et plane et chante parmi les oiseaux qui annoncent le printemps. Quel commentaire du mot de Platon : l'âme que guide l'Amour a des ailes !

« Nous menons une vie d'oiseau en plein air sous les ombres. C'est un charme. » Pourquoi ce pluriel « les ombres », que Maurice de Guérin a rendu si émouvant, évoque-t-il le chant le plus profond de l'âme heureuse ?

« Ce soir je me suis bien trouvée d'un repos sur la paille, au vent frais, à regarder les batteurs de blé, joyeuses gens qui toujours chantent. C'était joli de voir tomber les fléaux en cadence, et les épis qui dansent, des femmes, des enfants séparant la paille en monceaux, et le van qui tourne et vanne le grain qui se trie et tombe pur comme le froment de Dieu. » Quelle grâce dans ces tableaux si animés qui se dessinent successivement en traits brefs et décisifs ! Mais quel charme dans cette musique des mots et dans cette chanson de l'âme d'Eugénie qui accompagne et enveloppe le chant des batteurs, la cadence des fléaux, le sifflement des épis et le murmure ardent du van qui tourne et fait tomber le grain !

« Une lettre de mon amie : rien que cœur, esprit, charme d'un bout à l'autre, façon de dire qui ne se dit nulle part que dans ces rochers de Rayssac. La solitude fait cela : il y vient des idées qui ne ressemblent à rien du monde, inconnues, jolies comme des fleurs ou des mousses. » On entend cette voix de jeune fille qui anime les rochers de Rayssac et fait lever les charmes de la solitude dans les appels de la tendresse.

« Vos dons littéraires seront pour moi comme ces fruits merveilleux d'une île lointaine qu'un prince envoyait dans une boîte d'or à ses amis et qui s'y conservent toujours. » Les poèmes d'Henri de la Morvonnais apportent à Eugénie le parfum de cette Bretagne lointaine que le grand frère avait tant aimée. Alors l'âme de la sœur soupire cette phrase si mélodieuse, car l'âme chante quand elle se déploie dans l'harmonie d'un grand souvenir.

Voici maintenant la mélopée plaintive des heures mélancoliques :

« Le temps qui passe à vol d'ciseau nous emporte à son aile. »

« Toujours quelque charme manque à nos charmes. »

« Et le ciel si beau, et les cigales, le bruit des champs, la cadence des fléaux sur l'aire, tout cela qui te charmerait me désole. »

« Le Cayla, le grand désert vide... On y passe des jours à ne voir que des moutons, à n'entendre que des oiseaux. Solitude qui n'est pas sans charme pour l'âme non liée au monde, désabusée du monde. »

« Tout nous est fer et feu, nous déchire ou nous brûle. »

« Hélas ! hélas ! la vie s'avance comme l'eau, comme ce ruisseau que j'entends couler sous ma fenêtre, qui s'élargit à mesure que ses bords tombent. Que de bords tombés dans mes jours étendus ! »

« Voir s'abîmer ce qu'on aime et rester debout est effroyablement douloureux : c'est comme un naufragé resté seul sur la mer. »

« La terre est partout souillée : partout le mal se trouve, et séduit et entraîne. »

« Tout meurt, je meurs à tout, je meurs d'une lente agonie morale. »

« Mon Dieu ! ôtez-moi la plainte, soutenez-moi dans le silence et la résignation au pied de la Croix, avec Marie et les femmes qui vous aimèrent. »

La qualité des mots et la résonance des sons qui se mêlent et se prolongent donnent à la plainte de l'âme une singulière énergie de retentissement.

Voici enfin le duo de la mélancolie et de

l'allégresse, de la vie et de la mort. Eugénie aime ces nuances vives et distinctes, ces notations brèves et contrastées, où se traduit le drame de l'existence qui a si profondément retenti dans son cœur. Son style n'est jamais plus vif et chantant que dans l'expression de ces émotions qui s'opposent, de même qu'une plainte est d'autant plus profonde qu'elle traduit des discordances plus douloureuses : « Notre ciel d'aujourd'hui est pâle et languissant, comme un beau visage après la fièvre. Cet état de langueur a bien des charmes, et ce mélange de verdure et de débris, de fleurs qui s'ouvrent sur des fleurs tombées, d'oiseaux qui chantent et de petits torrents qui coulent, cet air d'orage et cet air de mai font quelque chose de chiffonné, de triste, de riant que j'aime. »

Ce contraste est rendu plus émouvant dans le chant de la cloche, qui résonne dans l'alternance des joies et des douleurs humaines. Ici la phrase semble dérouler sur le clavier des sons toutes les allégresses et les mélancolies de la vie. Dans toute la littérature française, de Montaigne à Chateaubriand, on n'entend pas souvent des mélodies aussi mélodieuses. « C'est une jolie chose qu'une cloche entourée de cierges, habillée de blanc, comme un enfant qu'on va baptiser. On lui fait des onctions, on chante, on l'interroge, et elle répond, par un petit tintement, qu'elle est chrétienne et veut sonner pour Dieu. Pour qui encore? car elle répond deux fois. Pour toutes les choses saintes de la terre, pour la naissance, pour la mort, pour la prière, pour le sacrifice, pour les justes, pour les pécheurs. Le matin, j'annoncerai l'aurore ; le soir, le déclin du jour. Céleste horloge, je sonnerai l'*Angelus* et les heures saintes où Dieu veut être loué. A mes tintements, les âmes saintes prononceront le nom de Jésus, de Marie ou de quelque saint bien-aimé ; leurs regards monteront au ciel, ou, dans une église, leur cœur se distillera en amour. »

C'est ainsi que, chez les écrivains qui ont reçu le don de l'expression et du charme, une musique profonde se dégage des mots assemblés, — s'enroule comme une mélodie d'orchestre autour de la pensée qui monte, — et ajoute à sa force une force nouvelle d'aspiration et d'épanouissement.

***

Nous avons suivi dans le *Journal* et la *Correspondance* le mouvement et le murmure du courant génial, et nous avons constaté dans les effusions de la poésie, de la pensée et du don verbal les manifestations de l'énergie créatrice.

De cette force intérieure, qui devient pressante aux heures d'inspiration, Eugénie a eu le sentiment clair et la joie assurée. Elle a entendu le soudain jaillissement des ondes intérieures. Mais ce bruit d'invention n'altère pas la décision de sa modestie. Ces appels qui révèlent la présence d'un Dieu ne la disposent pas au fracas de la vanité romantique. Elle reste ingénue parce qu'elle s'en étonne avec la candeur de la simplicité. Donc elle ne monte pas sur le trépied de la Sibylle et elle n'étale pas le délire effréné et un peu puéril du génie qui proclame sa puissance. Elle dit simplement ce qu'elle éprouve et ce qu'elle entend : une illumination intérieure, émouvante et brève, — un doux murmure de source qui chante, — un bruit de paroles lumineuses comme une invocation divine. Si l'on veut connaître ce que le génie a d'involontaire et de triomphant dans le naturel déployé, on pourra le saisir en écoutant les aveux de cette jeune fille qui garde sa grâce d'enfant dans l'apparition de la force ailée, c'est-à-dire de la grandeur.

CONCLUSION

L'HARMONIE DE LA SIMPLICITÉ ET DE LA PUISSANCE

L'HARMONIE DE LA SIMPLICITÉ ET DE LA PUISSANCE

Peu à peu s'est montrée à nous une âme simple et claire, comme la pureté de ses prairies ; une âme mélancolique, comme la tendresse devant l'infortune ; une âme puissante, comme l'héroïsme dans la simplicité de sa grandeur. Surprenante association et miracle psychologique ! Comment réunir tant de simplicité et tant de puissance ? Comment concilier tant de fraîcheur et tant de profondeur ? Et comment se fait-il que l'habitante des bois, la timide et tendre Nausicaa chrétienne nous donne les grandes émotions de la Littérature et de l'Art ?

C'était une âme profonde, parce qu'elle était infiniment simple et claire. Comprenons la force invincible de la simplicité, l'énergie perçante de la clarté. La simplicité, avec son geste tranquille, écarte l'inutile et atteint la région des sources. La simplicité, c'est l'aveu charmant d'une source. La clarté, c'est le rayonnement de la lumière, l'ivresse heureuse de la lumière. Un regard clair dissipe tous les mensonges. Un regard clair et calme arrête le trouble et la menace. Dans le reflet d'une onde claire, la lumière du soleil est la plus étincelante. O puissance créatrice et divine de la clarté !

Ensuite cette âme a été forgée et sculptée par la douleur. Rien n'aiguise l'âme comme la souffrance. Rien ne creuse l'âme et n'agite les profondes régions intérieures comme la méditation obstinée du malheur. L'âme d'Eugénie, construite par la souffrance, a trouvé dans la souffrance une merveilleuse puissance d'approfondissement. Car la souffrance est l'exaltation de la tendresse et la tendresse est aussi puissante que la force. La tendresse est plus puissante que la force. Qui dira ce qu'il y eut de tendresse refoulée dans le génie de Racine ? Qui dira ce qu'il y eut de tendresse comprimée dans le génie de Michel-Ange ?

Enfin, parce qu'elle fut tout cœur, toute tendresse, toute effusion d'âme, Eugénie nous montre les forces inspiratrices qui soulèvent la sensibilité. Car la sensibilité d'Eugénie, c'est l'ardeur qui emporte l'Éva d'Alfred de Vigny dans les régions de l'enthousiasme : « Éva, qui donc es-tu ? — L'enthousiasme pur dans une voix suave ? » La sensibilité d'Eugénie, c'est l'élan du cœur enflammé qui arrache le poète à la solitude orgueilleuse et permet à Éva de mener au triomphe la pensée des sages : « Ta pensée a des bonds comme ceux des gazelles. » La sensibilité d'Eugénie, c'est la lumière placée au fronton de la Maison du Berger, qui éclaire du haut des monts la marche de l'humanité vers son destin : « Diamant sans rival, que tes feux illuminent — Les pas lents et tardifs de l'humaine raison ! » Voilà pourquoi cette âme si simple nous a paru si haute. Voilà pourquoi cette âme modeste se place spontanément parmi les plus magnifiques génies. Elle sent, elle voit, elle juge avec toute son âme ; et, parce que cette âme est grande, elle est à l'aise parmi ces grandeurs.

***

Donc Eugénie n'est pas un philosophe qui groupe des raisonnements et combine les plans des démonstrations. C'est une âme ardente qui traduit les illuminations de son désir, — une pensée profonde qui saisit soudain la raison des choses et exprime ces lueurs de pensées en des phrases promptes comme un jet de lumière.

Ainsi elle nous éclaire, en évitant les dangers de l'esprit de système. Un système d'idées est un faisceau d'énergies quelquefois vigoureux, presque toujours décevant. Les vérités particulières sont souvent attirées, plus souvent violées par ce maître aux décisions tyranniques. Ces systèmes impérieux organisent de beaux monuments qui étalent des symétries fastueuses, mais cette beauté ostentatoire est vite ébranlée. Colonnes de vapeurs brillantes et légères ! Beaux nuages mouvants ! Architectures de neige qui s'écoulent et se dispersent dans le ravin !

Cette âme claire et perçante néglige les détours de la pensée discursive, parce qu'elle trouve les vérités à la source même d'où les vérités jaillissent. Dans un cri de souffrance, elle découvre les vérités de sentiment qui sillonnent, en traits de feu, la douloureuse vie sentimentale. Dans un élan d'éclair, elle surprend les vérités de raison qu'illumine soudain le détail observé par un œil lucide. En se traduisant sur ce cristal qui rayonne, la vie dévoile les causes secrètes qui la font vivre. Alors la pensée semble sortir du cœur des choses ressenties, comme le parfum émane des sèves vigoureuses, — et elle éclate comme une voix longtemps comprimée, enfin libérée et triomphante.

Or cette âme de lumière est en même temps une âme de tendresse, et la tendresse est profonde parce que les palpitations de la tendresse sont les mouvements les plus jaillissants. Dans une âme tendre passe l'élan d'amour qui mène le monde. En associant à la transparence de la clarté la profondeur de la tendresse, Eugénie a pu être à la fois fraîche et brûlante. Qu'il est facile de comprendre le charme et la vivacité de son sentiment de la nature, les soudaines illuminations de son intelligence, le pathétique de sa vie sentimentale, le mysticisme de sa vie religieuse ! Et qu'il est aisé d'expliquer qu'en cette âme naïve s'élèvent et montent les pensées d'un grand philosophe !

Donc cette âme lumineuse semble marcher dans le cortège des lois de la Vie. Elle se tient sur le plan de la clarté parfaite et de la tendresse, c'est-à-dire de l'essentiel. C'est ainsi qu'en vivant devant nous, elle sème la merveilleuse moisson de ses expériences qui sont ses découvertes.

Nous vivons dans le mystère et nous errons dans le murmure des ombres. Mais devant ces âmes transparentes et profondes, le voile qui nous enveloppe se dissipe et nous voyons le mystère se déplier. Ainsi compris et pénétré, le cœur d'Eugénie se montre dans la beauté d'une apparition merveilleuse. Ses miracles retiennent notre admiration ; pourtant ils ne nous étonnent plus, car nous avons compris sa grandeur.

***

Ces remarques générales ne sembleront pas inutiles, mais elles ne suffisent pas à résoudre le problème toujours épineux des rapports de la simplicité et du savoir. N'écartons pas la question que soulève l'étude du *Journal* et n'éludons pas la réponse qui doit satisfaire une légitime curiosité.

Avec la candeur d'une modestie excessive, Eugénie se plaît à parler de son ignorance. Elle aime à se proclamer l'habitante des bois, l'anachorète de la vallée, la solitaire d'Andillac. Pourtant elle nous avoue qu'elle a lu quelques livres et qu'elle a écouté, dans le silence de son vallon, l'écho de grandes voix qui furent retentissantes. Un jour même elle nous déclare qu'elle lit Platon dans la cuisine de son Cayla et qu'elle a médité sur les pensées de saint Augustin : aveu précieux que nous ne pouvons pas négliger. En outre, nous recueillons, çà et là, dans ses Lettres, quelques citations qui paraissent le témoignage de son admiration et de sa gratitude : citations expressives que nous ne devons pas omettre. Enfin nous possédons le catalogue de sa bibliothèque : document essentiel qu'il est nécessaire d'utiliser.

Or la manière dont elle prend ces richesses révèle la force d'une pensée toujours maîtresse d'elle-même. Certes l'enseignement d'un Bossuet, d'un Fénelon, d'un saint François de Sales a soutenu sa tristesse dans les tourments de sa solitude. Mais comme cette âme simple et haute n'est jamais à l'état littéraire, elle ne cherche pas à combiner des souvenirs adroitement amassés. Donc elle marche, d'une allure vive, dans le sillon tracé par son propre désir, et, avec la noblesse de la simplicité, elle reçoit la sympathie des compagnons qui viennent vers elle.

La beauté répandue sur les apparences de l'univers est un don offert à tous les regards. Le soleil ne mesure pas son rayonnement : il le déploie sur toutes les énergies du monde. Il suffit de s'ouvrir aux effets bienfaisants de sa toute-puissance. Qui sait même si l'admiration de l'ingénuité n'est pas aussi profonde que les exaltations du grand Art ?

Le soleil de l'Intelligence éclaire les profondeurs de la pensée humaine comme le soleil qui brille dans l'espace pénètre aux germes secrets de la Vie et de la Nature. Une pensée vraiment grande est semblable à la beauté parfaite : elle brille pour tous. Il suffit de la regarder avec des yeux candides. Mais qu'ils sont rares ceux qui n'altèrent pas la clarté naturelle de ce regard humain ! Qu'ils sont rares ceux qui ne diminuent pas ces énergies révélatrices où triomphe la pureté de l'enfance ! Une âme simple et droite, qui n'a pas subi les empreintes du vice ni l'action si déformatrice de la pédagogie mal guidée, maintient en elle cette force de rayonnement. C'est pourquoi elle s'unit aisément aux expressions les plus puissantes de la vie. Ses sources profondes se mêlent spontanément à la profondeur des sources que le génie retrouve et répand. Donc elle est digne de l'amitié des grands Maîtres, comme une reine que ses vertus font digne de la couronne.

Cette simplicité et cette droiture sont fécondes, parce qu'elles joignent la grâce de l'ingénuité à l'intensité des forces fraîches. Énergies intactes et souveraines qui agrandissent soudain, au contact de la puissance, leur faculté de dilatation ! Dans le sanctuaire de l'âme qui ne connaît pas les limites humaines et que la présence de Dieu illumine, le mouvement ailé de l'épanouissement opère les merveilles de ses créations. Le cœur s'agite et s'exalte, et les hautes pensées se lèvent.

Un son pur s'étend et se prolonge dans le silence des cimes. Ainsi la lumière et l'harmonie brillent et chantent dans les avenues inépuisables de ces âmes, directes comme un bondissement d'eau vive, éclatantes comme l'air des sommets.

C'est pourquoi devant les grandes pensées qui passent et s'offrent, ces âmes résonnantes s'ouvrent, comme la fleur à la joie de l'aube. Dans cette lumière et cette grandeur où elles se déploient comme dans leur royaume, ces âmes simples et triomphales accueillent la confidence des forts. Cette lumière, c'est leur propre désir qui s'exprime avec l'éclat de l'éclat. Cette grandeur, c'est leur puissance mystérieuse qui se manifeste avec plénitude. Avec un mélange de candeur qui révèle la modestie et d'audace qui signale une force secrète, leur cœur si noble se pare spontanément des beautés qui traduisent la noblesse. C'est pourquoi elle est si profonde, la fusion qui s'établit entre ce qu'il apporte et ce qu'il semble emprunter.

Ainsi, avec une aisance incomparable qui signale l'alliance de sa simplicité et de sa grandeur, Eugénie monte et se place auprès des plus hauts. Quand elle lit Platon dans la cuisine de son Cayla, elle prolonge le chant de sa solitude dans le chant d'une grande âme, et elle se mêle en souriant au chœur des initiés qui s'exaltent à la parole de Socrate et gravissent les degrés de la dialectique platonicienne. De même elle deviendra sans effort la compagne de sainte Thérèse, puisqu'elle éprouve la même ardeur dans la même extase religieuse. Elle entendra sans surprise la voix formidable de Pascal, puisqu'elle l'écoute au fond d'elle-même : « Pauvre vaisseau que je suis sur un océan de larmes ! » Elle accueillera avec allégresse la voix pacificatrice de Bossuet, puisqu'elle aspire, à travers ses alarmes, à cette paix souveraine : « La paix, c'est la tranquillité dans l'ordre. » Elle gravira sans fatigue les sommets de la Pensée et de l'Art, parce que son âme, que nous savons si brûlante et si fraîche, bondit vers la clarté et s'épanouit dans la lumière. Ces ivresses de la sensibilité et ces lueurs du génie, elle en signale la puissance, le jour où elle déclare qu'en lisant une *Harmonie* de Lamartine, l'enchantement de cette voix « fait jaillir je ne sais quoi de son âme » : alors elle se sent transportée loin de ceux qui parlent auprès d'elle et elle s'élève dans cette région divine où « les esprits qui balancent les astres sur nos têtes vivent de feu comme nous vivons d'air ».

Gardons la vision d'Eugénie ravie en songe à la suite de l'âme Lamartinienne. A ce moment, dans la « chambrette » illuminée, se déploie le monde merveilleux créé par l'imagination du poète. La barrière qui sépare la réalité et le rêve est anéantie. La solitaire du Cayla, égale à Lamartine par l'intensité de son émotion, monte auprès du poète dans l'ardeur de l'ivresse lyrique, et Lamartine et Eugénie de Guérin apparaissent, comme deux compagnons, dans une fraternelle communion d'âmes.

***

Dès lors semble inutile la question si souvent posée sur la valeur relative d'Eugénie et de Maurice. Eugénie est-elle supérieure à Maurice ? Maurice est-il plus grand qu'Eugénie ? Dirons-nous avec Sainte-Beuve, Matthew Arnold et Edmond Pilon qu'il ne serait pas juste de comparer le talent distingué, mais limité d'Eugénie à l'esprit profond et retentissant de Maurice ? Soutiendrons-nous au contraire, avec Lamartine, que la sincérité d'Eugénie est plus puissante que les obscures élévations de Maurice, et répéterai-je ce que m'écrivait le poète d'Orthez, Francis Jammes, qu'Eugénie est, intellectuellement, mieux douée que son frère ?

Il semble que notre commentaire, appuyé sur les aveux du *Journal*, facilite notre conclusion. Eugénie n'a pas voulu composer une œuvre littéraire. Sans le vouloir, sans le savoir, dans l'involontaire effusion de son âme, elle nous a permis d'entrevoir ce qu'aurait pu donner l'épanouissement de sa pensée. Car nous avons saisi çà et là, en des échappées émouvantes et brèves, les manifestations de sa force et de sa grandeur. Donc nous pouvons conclure : Eugénie, c'est Maurice qui se contient ; Maurice, c'est Eugénie qui s'abandonne. Eugénie, si modeste, trop modeste, n'a pas voulu aller jusqu'au bout de sa puissance. Elle s'est arrêtée, un peu inquiète, devant les audaces viriles de sa pensée. Elle les indique, même elle les constate ; puis elle s'en effarouche avec la tremblante pudeur d'une modestie qui s'alarme. Qu'il est charmant ce geste de vierge qui veut se retirer sous son voile !

Avouerai-je d'ailleurs que ces considérations littéraires paraissent futiles, quand on a été entraîné vers les sommets où rayonne sa tendresse ? Ici, pour emprunter le vocabulaire pascalien, nous ne sommes plus dans l'ordre de l'esprit : nous montons vers le monde suprême du cœur et de la charité. Ici le sublime du dévouement ne se distingue plus du sublime poétique. Ici la beauté de l'héroïsme se confond avec la beauté de l'Art, et le son d'une grande âme est aussi exaltant que les sonates pathétiques ou que le retentissement du Centaure dans le triomphe de sa volonté. Donc le *Journal* d'Eugénie, écrit avec le sang de son cœur, apporte les plus hautes émotions intellectuelles, et notre admiration pour son esprit s'achève dans le respect de tant de pureté et de tant de grandeur. En fermant son petit livre, qui est un grand livre, je me sens si touché par le vif et le brûlant de cette âme de flamme, et je vois sur ce visage creusé par le chagrin tant de souffrance et d'exaltation, que cette Niobé de l'amour fraternel surgit, dans le déchirement de son pathétique, comme la statue du Sacrifice et de la Douleur.

TABLE DES MATIÈRES

ABBEVILLE. — IMPRIMERIE F. PAILLART

www.ingramcontent.com/pod-product-compliance
Ingram Content Group UK Ltd.
Pitfield, Milton Keynes, MK11 3LW, UK
UKHW020549180726
13838UKWH00001B/132

9 782329 339481